国家社科基金重大项目

我国自然资源资本化及对应市场建设研究(15ZDB162)

CHINESE FINANCIAL REFORM

中国金融改革模式

◎主编 刘纪鹏 ◎副主编 武长海

人民东方出版传媒
東方出版社

图书在版编目（CIP）数据

中国金融改革模式 / 刘纪鹏 主编. —北京：东方出版社，2018. 3
ISBN 978-7-5207-0030-6

Ⅰ. ①中… Ⅱ. ①刘… Ⅲ. ①金融改革—研究—中国 Ⅳ. ①F832. 1

中国版本图书馆 CIP 数据核字（2017）第 310037 号

中国金融改革模式
（ZHONGGUO JINRONG GAIGE MOSHI）

主　　编：刘纪鹏
副 主 编：武长海
责任编辑：袁　园
出　　版：东方出版社
发　　行：人民东方出版传媒有限公司
地　　址：北京市东城区东四十条 113 号
邮　　编：100007
印　　刷：北京京都六环印刷厂
版　　次：2018 年 3 月第 1 版
印　　次：2018 年 3 月第 1 次印刷
开　　本：710 毫米×1000 毫米　1/16
印　　张：15
字　　数：187 千字
书　　号：ISBN 978-7-5207-0030-6
定　　价：42. 00 元
发行电话：（010）85924663　85924644　85924641

◆中国社会科学院学部委员余永定

◆法国巴黎银行董事总经理兼首席经济学家陈兴动

◆中国人民大学法学院教授刘俊海

◆中国人民大学国际货币研究所理事、副所长向松祚

◆中国银行业监督管理委员会原副主席蔡鄂生

◆中信改革发展研究基金会理事长孔丹

◆全国人大财经委副主任委员邵宁

◆为邵宁颁发中国政法大学兼职教授聘书

石亚军（左）、
邵　宁（中）、
刘纪鹏（右）

◆国防大学教授
卢周来

◆为卢周来颁发
中国政法大学
兼职教授聘书
时建中（左）、
卢周来（中）、
刘纪鹏（右）

◆华泰保险集团
董事长兼 CEO
王梓木与刘纪
鹏教授（右）

CONTENTS
目　录

序言　大国金融梦

一、探索通向金融强国之路

关于金融在现代经济中的地位和作用，邓小平1991年就给出了科学判断，并深刻地揭示了现代经济与金融之间的辩证关系："金融很重要，是现代经济的核心。金融搞好了，一着棋活，全盘皆活。"① 改革开放以来，中国经济经历了从起步到经济大国，GDP总量居全球第二位；金融从单纯的货币金融发展到多层次资本市场的建立，资本金融蓬勃发展，境内外金融资产达人民币200万亿元以上，未来5年将达人民币400万亿元以上，已经成为名副其实的金融大国。但中国离金融强国还很远，主要有以下几方面原因②：第一，多层次资本市场发展还很缓慢。股票市场规模虽然大但存在问题多，金融衍生品市场、票据市场、外汇市场、债券市场等资本金融市场发展缓慢。第二，金融机构缺乏国际竞争力。第三，市场化程度和定价能力低，产品创新能力和机制薄弱，产品单一，缺乏竞争力。第四，高端金融人才匮乏，控制金融风险和应对金融危机的能力不足。第五，国际金融规则的制定权和解释权不足。第六，人民币国际化道路还有很长的路要走。

---

① 《邓小平文选》第3卷，人民出版社1993年版，第366页。

② 有专家研究指出，衡量一个金融强国的标准主要包括：(1) 金融市场规模足够大，可以影响全球的资金流向；(2) 有竞争力的金融服务体系；(3) 在相当大程度上能够决定国际市场资产价格；(4) 金融产品创新能力强；(5) 本币成为国际主要货币；(6) 具有对国际金融规则的制定、修改和解释权。

金融是一国配置资源的枢纽。随着全球经济、金融一体化的发展，资本、人力、技术与信息等生产力要素的全球流动与配置都与国际金融的发展相连，一国金融的强弱决定了其在全球范围内的资源配置能力。中国经济经历近40年的高速发展，已经成为经济大国，但并不是经济强国，需要从根本上转变经济增长模式和转型经济结构。与此同时，需要建立一个高效、稳健、开放的金融强国金融体系为依托。金融强国是经济大国可持续发展的根本保障。

资本市场是中国崛起的重要保障，建立强大的现代金融体系，实现大国金融梦是实现“中国梦”的一部分。中国政法大学有一批专家学者长期关注、研究金融和金融法制的理论与实践，特别是刘纪鹏教授基于长期的研究和实践，提出了资本金融的新概念，将现代金融划分为货币金融和资本金融两大分支，并对资本金融理论体系进行了系统的研究和论证。通过整合中国政法大学的法学等优势学科资源，借助一批校内外既懂法律又懂金融的专家资源，为中国金融立法和金融发展提供科学理论依据，解决中国金融体制改革和资本市场发展中的法律与金融结合当中的实际问题，探索实现金融强国的路径。实现金融强国要做好以下工作：一是发展和完善多层次的资本市场，尤其大力发展资本金融。资本金融发展到今天，已经成为现代金融在量的增长上的主力。[①] 二是改进市场结构，提高市场的统一性。三是完善金融市场基础环境，推动金融市场化改革，包括金融产品的市场化、利率市场化、汇率市场化等。四是提高金融市场的效率、金融产品的创新能力和金融机构的治理能力。五是改革金融监管体系，建立与金融市场发展相适应的监管体系和监管制度。

二、培养金融强国高端人才

实现金融强国离不开高端人才的培养。2015 年 6 月 18 日，在王健林、

① 刘纪鹏:《资本金融学》，东方出版社 2017 年版，第 16 页。

张大中等知名企业家的赞助下，中国政法大学组建了我国第一家资本金融研究院——中国政法大学资本金融研究院，刘纪鹏教授担任首任院长。研究院的建立很好地体现了三个结合，即法律与金融的结合，理论与实践的结合，校内与校外的结合。研究院将发挥资本市场智库作用，为中国金融立法和金融发展提供科学理论依据，解决中国金融体制改革和资本市场发展中的法律与金融结合当中的实际问题。同时，研究院旨在作为研究资本市场法治化发展的学术平台，培养复合型的人才。

研究院成立伊始，就在法律硕士（非法学）专业招生中设立了“资本金融法律实务”方向，在经济法学科下设立了“法律与资本金融”方向，每年开始培养既懂法律又懂金融的法律硕士、法学硕士、法学博士等20余名复合型研究生。在教学模式探索上，采用“校内与校外”“金融与法律”“理论与实践”结合的双导师制，重点培养精通法律与资本金融的复合型人才。为国家培养金融法制所需要的金融实务、金融监管、金融审判、金融仲裁和金融法务方面的复合型、应用型与创造型高端人才。

目前，刘纪鹏教授同时担任中国政法大学商学院和资本金融研究院院长。刘纪鹏教授提出了法学要和管理学结合，即法商结合，互为补充。将资本金融研究院和商学院资源、学科融合，即“两院”融合，相辅相成，把管理学、法学和金融学结合起来，在两结合、三结合甚至多结合的进程中，走出一条培养人才的创新之路。

三、举办智库型高端法治金融论坛

蓟门法治金融论坛的源起。蓟门法治金融论坛源于资本金融研究院承担法律硕士（资本金融法律实务方向）的一门课程——资本金融法律实务，该课程为一门讲座课程。为了打造好这门课程，从一开始刘纪鹏教授就下了大功夫。首先将该课程升级为论坛，并命名为“蓟门法治金融论坛”；其次，聘请国内外顶尖的资本市场监管、理论和实务人才担任主讲人，同时邀请2—3名相关领域的知名专家担任评论嘉宾；最后，加大校内外宣传力度，并将论坛放在学院路校区的学术礼堂。在这样的精心筹备下，论坛场场精彩，场场爆满，吸引了大批校内外听众。目前论坛已经走过了四个学期，每学期十讲左右，进入第五个学期，完成了30多讲，邀请的主讲人包括刘伟、周瑜波、贾康、乔良、洪磊、巴曙松、潘明忠、杨凯生、金岩石、赖小民、姜昆、蒲坚、段永朝、蔡洪平、祁斌、吴晓求、周明、彭华岗、王国刚、银温泉、余永定、陈兴动、刘俊海、向松祚、蔡鄂生、孔丹、邵宁、卢周来、王梓木等，讲座的内容涵盖宏观经济与金融安全战略、金融业改革与创新、公司金融与新金融、国企改革等。论坛在校内外产生了巨大影响：在校内已经成为研究生通选课程，成为中国政法大学的一个品牌；在校外也产生了良好声誉，远播京城。蓟门法治金融论坛从一开始就得到了学校领导的大力支持，石亚军书记、黄进校长、时建中副校长、于志刚副校长、李树忠副校长等多次到论坛致辞或参加点评。为了传播该论坛的讲座内容，黄进校长多次强调将这些讲座整理并出版，经过努力，“金融强国之路”第一辑（论坛第1—17讲）已经于2017年2月在东方出版社出版，第二辑（论坛第18—28讲）于2017年5月出版，第三辑（论坛第29—37讲）将于近期出版。

“蓟门法治金融论坛”会一直持续下去，“金融强国之路”系列也会一直出版下去。在这里，要感谢各位主讲专家，点评专家，校领导、教授以及东方出版社的袁园编辑与其他支持单位、媒体和专家的大力支持！一并致谢！

是为序。

刘纪鹏　武长海

2017年12月

于蓟门桥畔·中国政法大学研究生院科研楼

第一篇

中国的汇率政策与海外净资产

蓟门法治金融论坛第 29 讲

时间：2017 年 3 月 1 日

地点：中国政法大学蓟门桥校区科研楼二层报告厅

主持：刘纪鹏

主讲：余永定，全国政协委员、中国社会科学院学部委员

点评：李若谷、崔之元、李肃

互动提问

主持人荐语

刘纪鹏：中国 3 万多亿美元的外汇储备，是如何形成的？属于谁？这牵动无数欲图境外发展的人的内心。而这 3 万多亿外汇储备又去了哪儿？在海外又形成了多少有效的净资产？这些海外净资产，无论在数量上，还是在质量上，该如何界定、分析和判断？这些问题的答案，是无数有识人士关注的重点，也是分析外汇、股市、利率、大宗商品等敏感品趋势变化的判断依据。余永

定委员在蓟门论坛上，以与众不同的视角为听众奉上一次最新的、丰盛的精神大餐。

领导致辞

石亚军：党的十八大以来，中国全面深化改革，风起云涌、热浪翻滚。国家在经济领域推进供给侧结构性改革，在高等教育领域推进世界一流学科和世界一流大学的建设。作为一所名校，在全面深化改革的这两个领域，扮演着一种什么样的学术角色？这个问题是值得我们思考的。始终站在改革大潮的前端，用学术创新的潜力激发我们对国家发展的一些重大问题、根本问题的思考。这种学术需求以及学术创新，是一所名校在当前需要面对的重要问题。

余永定教授具有非常优质的学术背景，非常宽阔的学术视野，非常高深的学术视点。余教授的很多研究成果能够对国家在相关领域中的重大决策产生深远影响，今天的专题讲座，一方面给同学的思维提供新的启示；另一方面，对充实中国政法大学的学术内涵带来巨大的价值。

一、经济增长与国际收支结构的变化

实际上根据传统的经济理论，一个国家的经济增长与这个国家的国际收支结构之间的变化是有很密切的关系的。从理论上来讲，一个国家的国际收支结构可以分为六个阶段：Ⅰ年轻债务国、Ⅱ成熟债务国、Ⅲ债务偿还国、Ⅳ年轻债权国、Ⅴ成熟债权国、Ⅵ债权减损国。六个阶段的区分标准是什么？举例而言，当一个发展中国家进入起飞阶段时，一定是比较贫困的。首先一个特点就是储蓄小于投资（$S<I$），与此相应，贸易和投资收入一定是逆差。贸易逆差加上投资收入逆差等于这个国家的经常项目逆差。与此同时，这个国家一定是资本项目顺差，例如朝鲜大概没有经常项目顺差，没有国家给它融资。所以要有经常项目顺差，一定是资本输入国。随着不断输入资本，国家的净负债就在不断增加，这是年轻债权国的基本特点。

图 1-1 可以形象说明这六个阶段。上面的直线（i），把它定义为这个国家的投资率，为了分析和简化，我们假定投资率是给定，占 GDP 的 30%。这个国家起初储蓄率很低，储蓄率低于投资率。之后逐渐提升，到达某一阶段的时候会依次经历储蓄率等于投资率、储蓄率高于投资率，最后进入老龄化的时候储蓄率低于投资率。这是国内的储蓄和投资之间的关系。

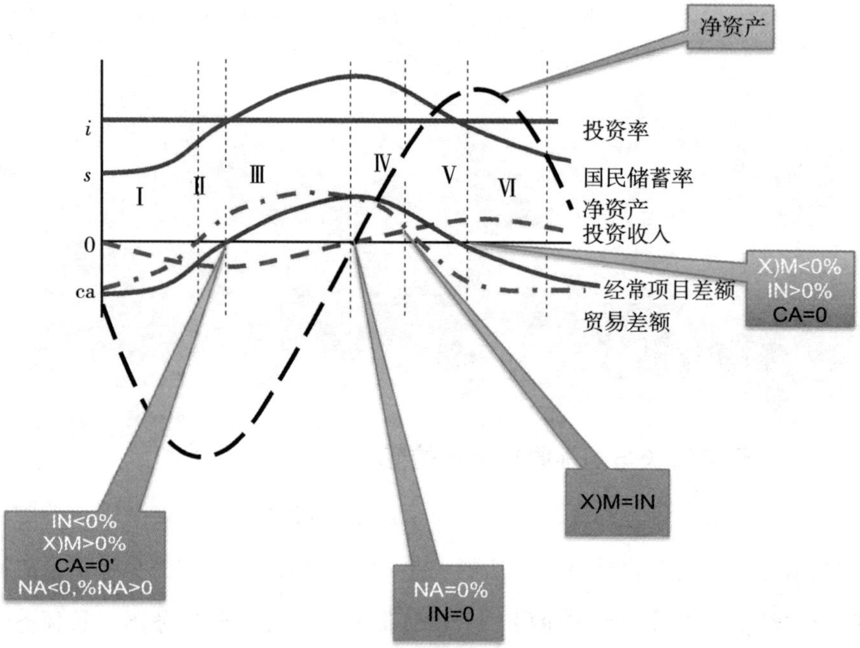

图 1–1　国际收支结构的六阶段

与国内的投资和储蓄关系相对应的是国际收支状况。国际收支状况是什么？国际收支状况包括经常项目差额、贸易差额和投资收入。从图 1–1 的下半部分可以看出，这个国家在开始的时候是经常项目逆差，然后经常项目顺差。进入老龄化的时候，经常项目又变为逆差。起初一定是贸易逆差，随着国家的经济增长，出口能力的增加，它到某一阶段就实现了贸易平衡。并逐渐发展为贸易顺差国，进入老龄化的时候，往往就是贸易逆差。同样，开始投资收入一定也是负的，随着经济的增长，投资收入就变成正的。进入老龄化的时候，投资收入越来越少。以泰国为例，泰国早期是一个发展中国家。20 世纪 60 年代泰国国际收支是什么状况呢？它的经常项目是逆差。图 1–2 是以 1975 年至 2005 年泰国的国际收支状况，它的经常项目逆差一直维持到 1998 年，就是亚洲金融危机期间。泰国经常项目逆差维持了二三十年。与此相应，存在资本项目顺差。之所以能有经常项目逆差，是因为有外国资金不断流入泰国，为经常项目逆差融资。金融危机期间发生了逆转，由于金融危机不得不增加储蓄，节衣缩食，变成经常项目顺差。与此同时，资本项目变成逆差，外国资金不给泰国融资，资金外逃。所以，金融危机过后，又恢复了原来的模式，经常项目开始成为逆差，又有资本流入。这是一个发展中国家在经济增长初期，贸易项目和经常项目的一个基本情形。

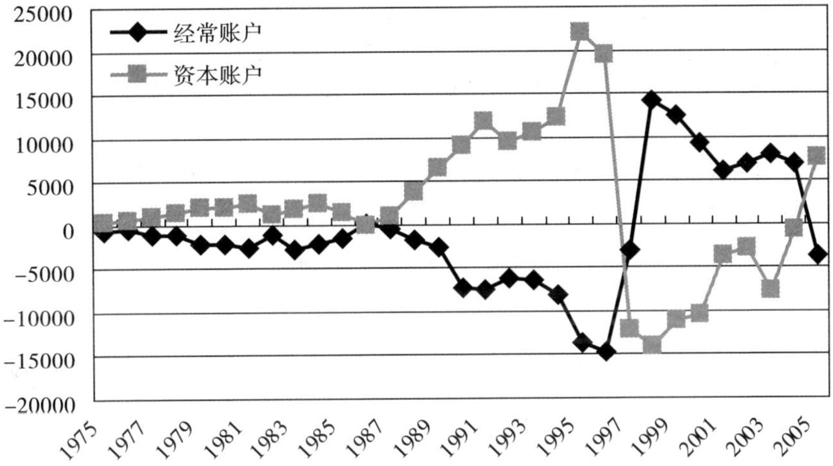

图 1-2　泰国国际收支状况

日本的情况比较典型（见图 1-3），经历了这六个阶段中的前五个阶段。早期日本和泰国这类国家也是一样的，存在经常项目逆差，大量的外资流入日本，为其进行融资。2005—2011 年，日本国际收支结构进入第四个阶段，即年轻债权国。这个时期的特点是什么？投资收入达到 11.4 万亿日元，与此同时贸易顺差为 10.4 万亿日元，有贸易项目顺差，有投资收入顺差，经常项目也是顺差。这个时期投资收入顺差大于贸易顺差，这是第四阶段的一个特点。长期在海外投资积累很多资本，获取利润利息，利润利息甚至超过贸易顺差。

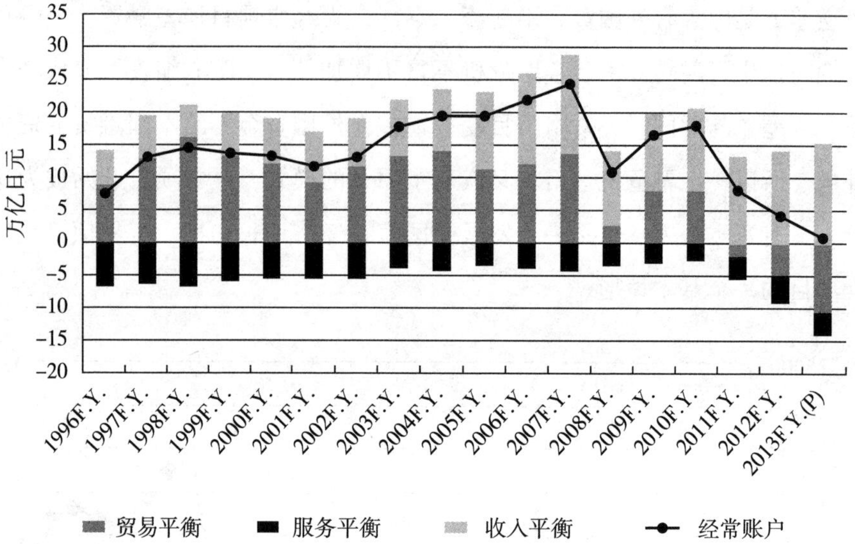

来源：日本财务省

图 1-3　日本国际收支状况

值得注意的是，日本在2011年之后进入第五个阶段，这个阶段出现了贸易逆差。日本是竞争力很强的国家，提到日本就意味着贸易顺差，而在2011年之后日本大部分时间都是贸易逆差。但是日本的投资收入顺差很大，所以经常项目也是顺差。经常项目顺差意味着什么？日本依然是资本输出国，不需要依赖外国资本。这点对于中国来讲，应该是有重要启发意义的。

二、标准模式的例外

基本理论比较符合泰国、日本这些国家的实践，但中国是什么情况？如图1-4所示，中国的情况是非常特殊的，从一开始就是经常项目顺差。一个国家到底是资本输入国还是资本输出国，只取决于一个指标，经常项目是顺差还是逆差。中国从1990年开始到现在，经常项目都是顺差，只有1993年是意外。当人均收入只有400美元的时候，中国就是资本的净输出国，这是中国的特点。

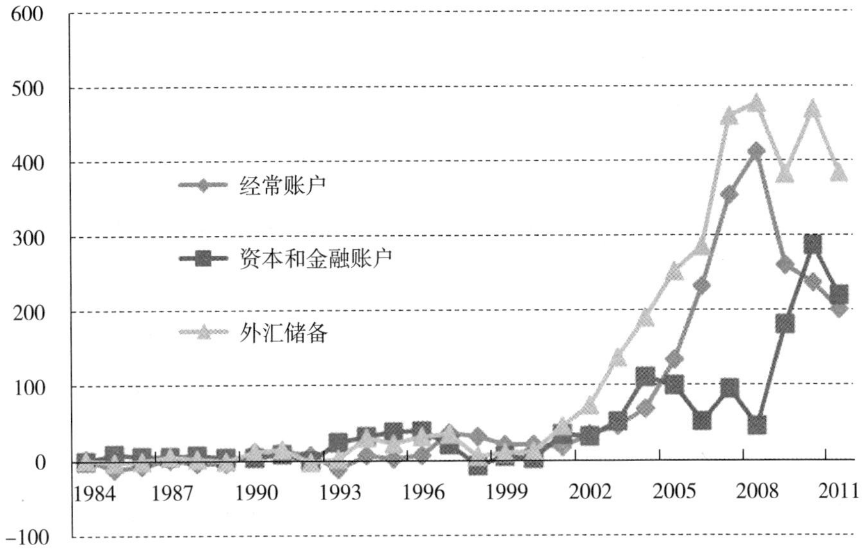

图 1-4　中国国际收支状况

最近还有另外一个特点显现，尽管中国是一个资本净输出国、债权国，但中国的投资收入在最近十多年来基本都是负的。我们把钱借给别人，却不能从别人那里收取利息，反而要向别人支付利息，这是一个特点。这个特点导致中国的净资产在最近几年没有随着经常项目顺差积累而增长，反而减少了。因此，中国的情况与标准模式完全不同，很难把中国归类为这个标准模式中哪个发展阶段。这里有一系列的具体原因。

总而言之，中国的国际收支结构与前述理论的六个阶段相比是非常不同的。中国长期以来是所谓的双顺差，即经常项目是顺差，资本项目也是顺差，双顺差的结果导致了外汇储备的增加。所以，才会有 2014 年中国的外汇储备将近 4 万亿美元的局面。

三、中国所面临的问题

实际上，中国的国际收支结构存在一系列的不合理性，当然也存在着一定的必然性。其与标准模式相比较，存在以下五个问题。

第一，按照登布什的理论，一个发展中国家应该将资源用于国内投资、提高生产效率和生活水平，而不应该将其用于购买美国国库券。他的理念就是穷国应该引资，而不是输出资本。尽管中国是外商直接投资（FDI）引资国，但总体来讲中国是资本净输出国。在中国有其必然性。

第二，按照威廉姆森的观点，作为第三大 FDI，中国应该将流入的资本转化成经常项目逆差和贸易逆差。获得投资后，购买机器设备和管理能力。而中国没有做到这一点。

第三，中国通过双顺差积累了大量的外汇储备，而外汇储备的价值面临着美元下跌的威胁，特别是在金融危机前后。以 JPMorgan's trade-weighted real exchange rate（摩根大通的贸易加权实际汇率）计，2002 年至全球金融危机期间美元已贬值 23%，尽管目前处于升值阶段，但最近一段时间美联储发行大量的货币，以后美元是不是能够保持坚挺，无法做出准确的预判。全球金融危机时期，克鲁格曼写了一篇文章，认为中国掉入了美元陷阱。积累外汇储备太多，把太多的钱借给别人，就要受制于借你钱的人。例如，某人欠银行 4 万元，他会受银行的支配。但是，如果他欠银行 400 万元，银行就会受他支配。中国存在这样的问题，尽管随着美元升值危机淡化了，但这个问题不会消失。

第四，中国尽管有净资产，而且数量也不少，但是收益率是负的。中国的净资产是 1.8 万亿美元左右，在近十年以来几乎每年都是投资收入逆差。

第五，中国的资本净输出并未转化为海外净资产，尽管依然保持经常项目顺差，但海外净资产却没有增加。

上述五个问题给我们提出更关键的问题：中国的国际收支结构将沿着什么样的方向变化？老龄化到来之后，中国是否能够像日本一样享受投资收入？作为一个老人，在很大程度上依赖于在年轻时候积累的资本，以保持生活水平不变。对于一个国家来讲也是如此。以后会不会出现一种情况，老了，出口能力弱化了，但还要拼命出口。出口赚来的外汇却不是用来进口和投资，而是还本付息。如果处于这样的状态，这个国家的发展动力将完全消失。

四、豪斯曼（Hausmann）的暗物质

即使美国还没有把它的债务涨掉，但大家对美国国库券和美元仍然比较有信心。如前述所言，由于每年有投资收入逆差，中国已经遭受了极大的损失。通过出口顺差，中国积累了近5万亿美元的对外资产。与此同时，通过引资，把FDI引入中国，我们积累了近3万亿美元的对外债务，总体而言中国有近2万亿美元的对外净资产。假设利息率为3%，中国2011年应该有利息收入近600亿美元，但中国的实际利息支出是270亿美元。这种情况直到现在都没有发生变化。

图1-5反映了2011年1月至2016年3月中国的经常项目、投资收入和净资产之间的关系。经常项目顺差，意味着一直在输出资本，将劳动的成果转化为海外资产。但是投资收入基本上是逆差，在2013年第四季度的时候达到了-600亿美元。为什么出现这样的情况？简单来说，与投资结构和引资结构有关。FDI在中国的回报率非常高。在2008年，美国对本国的在华跨国公司做了一个统计，它们平均收益率为33%。根据世界银行首席经济学家对2万多家企业的调查，包括欧洲国家和日本，平均收益是22%。2008年，中国的外汇储备收益率为2%或3%，金融危机最严重的时候甚至出现过负值。尽管是净资产输出国，出现投资收入逆差也是可以理解的，这有其必然性。资产和负债的币种结构随着汇率变化，也会对净资产的价值有影响。

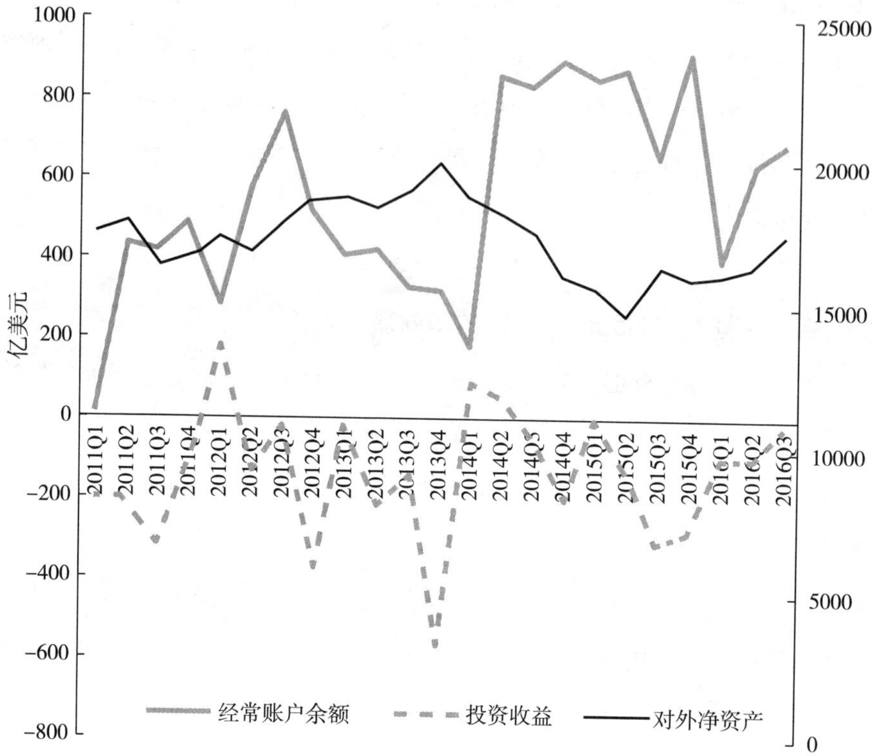

图 1-5　中国的经常账户余额、投资收益和对外净资产

中国的问题在美国得到镜像反映，豪斯曼在他 2006 年的论文中指出，美国 1982—2005 年累积经常项目逆差是 5.27 万亿美元，其中负债净额达到 4.94 万亿美元（见图 1-6）。如果按照 5%的利率计算，美国的净投资逆差应该是 2740 亿美元。然而，美国的实际投资顺差是 176 亿美元。美国通过大量的负债，最后摇身变为债权人。豪斯曼认为美国这是暗物质的输出，因此能够坐地收息。相反，中国是输入了暗物质。这种状况跟国际货币体系的不合理性和其他的诸多原因都是密切相关的，跟我们的政策也有一定的关系。

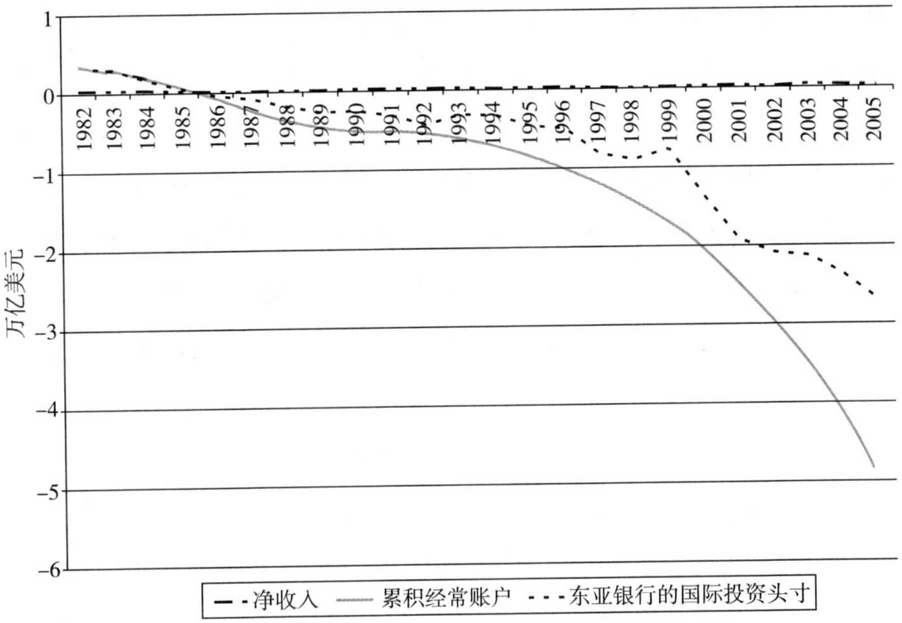

图 1-6　美国 1982—2005 年经常项目和净收入

五、中国国际收支结构畸形的原因是什么?

造成中国国际收支结构畸形的原因非常多，本文主要讨论两个原因。第一是中国的汇率缺乏灵活性。第二是在某个时期中国的资本项目开放过急过快，主要是在 2010 年以后这段时期，以前还是比较稳妥的。20 世纪 90 年代以来中国经济高速增长，投资回报率高于西方国家。在低汇率的情况下，贸易顺差肯定是要积极增长。这样的情况下，由于贸易顺差非常大，汇率应该是升值的。但因为害怕升值对我们的出口造成影响，不情愿让人民币升值。但是，人民币的升值预期不会被打破，就一直有双顺差。经济学家的普遍观点认为，一定要打破人民币升值不合理预期。但是存在大量的经常项目顺差和资本项目顺差，人民币升值是理性预期。理性预期是压制不住的，实际上，从 2003 年开始就存在升值的压力，2005 年人民币跟美元脱钩，人民币就开始了升值的过程，并一直持续到 2014 年。

总而言之，2005—2014 年，有大量热钱流入。货币政策委员会开会，有学者说大量的资金流入中国的资本市场、房地产市场，上海的资产泡沫正在兴起。为什么？一个重要的原因就是那时候不让人民币升值，人民币有升值前景不让升值，就有热钱。资产价格上升也会赚钱，赚完钱当汇率发生逆转的时候，热钱就逃跑了。我们汇率没有浮动，导致了这样的问题。

如果我们在当时没有资本管制，情况会糟得多。我们那时候没有放弃资本管制，热钱的流入在一定程度上得到了抑制。同时我们还采取措施抑制了房地产和金融泡沫。这样的工作使得情况没有变得特别糟糕，但问题仍然十分严重，而且一直在积累之中。真正比较大的问题是，2010 年之后我们推人民币国际化操之过急。决策部门希望实现资本项目自由化，为什么希望实现资本项目自由化？他们认为中国的改革阻力太大。我们希望开放资本项目，让外资流入，倒逼我们进行改革。这个逻辑与当初在 2000 年加入 WTO 时候的逻辑一样，希望通过贸易自由化推动企业改革，现在希望通过资本项目自由化推动金融改革。我认为这个判断有问题，贸易和金融不一样。资本是无形的，难以控制。主观上想倒逼改革未必能成，可能会造成极大混乱。

人民币国际化在一定程度上是服务于资本项目自由化的，西方有时候说人民币国际化是遮掩，实际上我们做的是资本项目自由化。想实现人民币自由化，必须采取一系列的步骤，这必然导致资本项目自由化。然后热钱会进一步大量流入。

六、人民币国际化实际上是资本项目自由化

为什么人民币国际化实际上是资本项目自由化？资本市场有防火墙挡住，国际资本想进，但是进不来。我们现在开始实行人民币的国际化，第一步是要用人民币做贸易结算，人民币就会流向中国香港地区。中国香港地区是国际市场，国际资本可以进入用美元换成人民币。我们有一个回流机制，允许外国投资者在中国内地进行投资。于是外国投资者开始用人民

币进行投资，去购买人民币资产。当他们赚了钱，可以结束这个过程，资本就流出了。

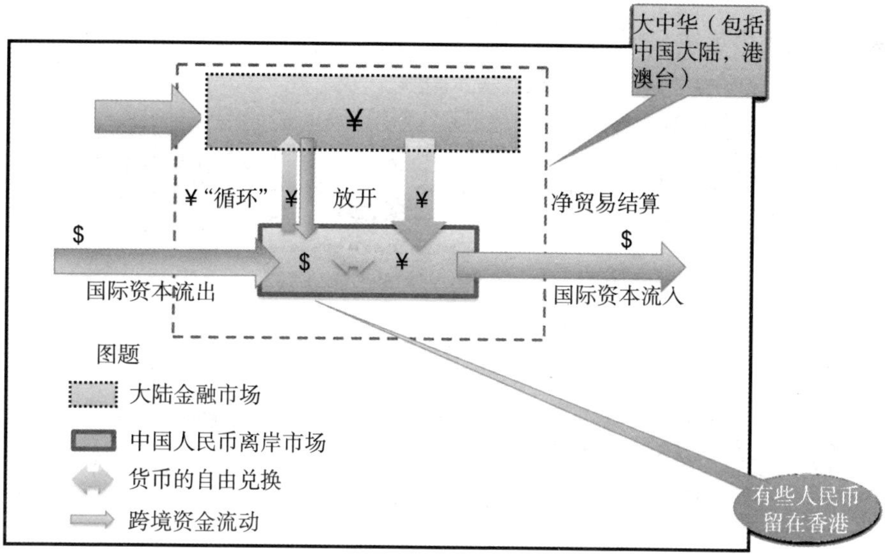

图 1-7　跨境资本通过离岸市场进入内地市场

实际上，人民币国际化给资本项目开了个口，以前海外资本想这么进，但进不来。现在给它打开了一个通道，它进来了，实现了人民币资本项目自由化。香港老鼓吹在内地搞资本项目自由化，实际上对香港没好处。香港能赚钱是因为内地资本没有完全开放。资本项目完全开放，资金直接进入内地，香港就没有生意做了。因此香港最好不要鼓吹资本项目自由化。

举一个最简单的例子，一家内地的进口商公司，在香港有一家子公司，进口商用 6.18 亿元人民币去买香港的货物，这样人民币就流到它的子公司去了，货物卖到了内地。子公司将 6.18 亿元人民币投入香港的外汇市场，兑换成美元，按照香港市场的离岸汇率它可以兑换成 1 亿美元。香港的子公司用这 1 亿美元再从内地进口商那里将货物买回去。1 亿美元又回到内地的进口商手中，这样就可以把这笔钱拿到内地的外汇市场了。在内地的外汇市场，在岸汇率不是6.18，是6.2，在岸汇率比离岸汇率坚挺。1亿美元换成6.2亿元人民币，一进一出，商品可以不动，进口商就可以赚两百万人民币热钱。

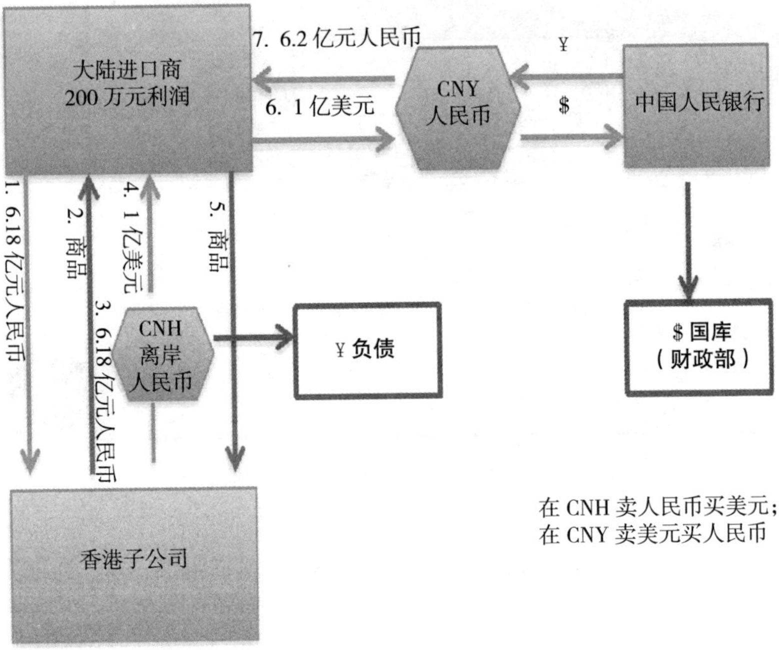

图1-8　进口企业套汇“一日游”

人民币国际化过程中，我们并没有先调整汇率，没有让人民币在国内市场和海外市场保持一致性，中间有差额，这种情况下就会出现套汇。套汇结果就是财富的净损失。从2010年开始，为什么非居民这么稀罕人民币和内地的人民币资产呢？非常明显，他们知道如果持有人民币，就可以赚取汇差和利差。这个时期金融市场有句话，套汇套率交易的世纪盛宴。虽然没有特别准确的统计，但是我们可以估计，大量的套汇套利给中国的国民财富造成了损失，或者损失还没有实现，预备要实现。

七、由升值向贬值的转变

种种原因，我们的双顺差变成资本项目逆差，而2014年起出于某种原因资本项目逆差超过经常项目顺差，我们出现国际收支逆差。国际收支逆差一定是有贬值压力，原来是升值压力，现在转为贬值压力。是什么造成贬值压力？资本项目逆差又由哪些具体的细项造成？图1-9表明，在2014年之后直接投资减少，最近一段时间变成负的了。还有证券投资，也是一样。资本项目中很重要的项目之一是其他投资项目，而我们其他投资项目逆差是造成资本项目逆差的基本原因。2016年，直接投资的逆差成为我们资本项目逆差的重要原因。

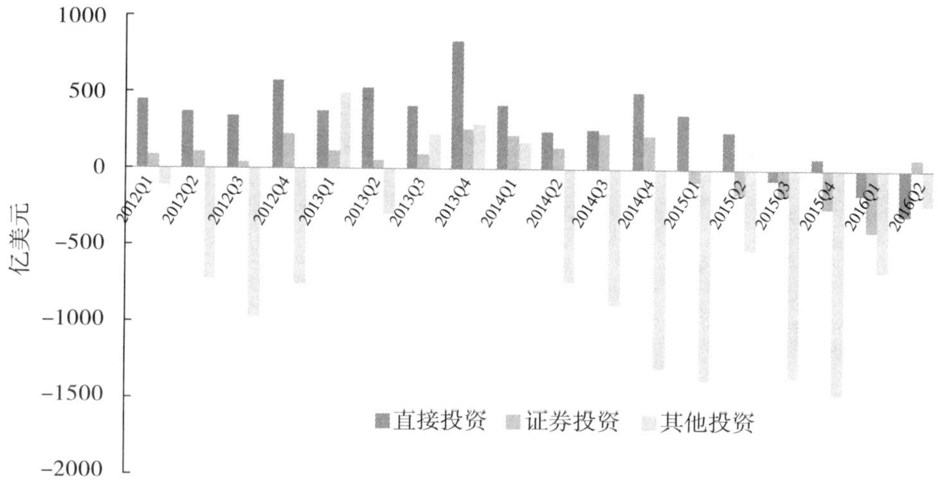

图1-9 资本项日的构成

其他投资项目还要分解来看，到底是什么造成资本项目逆差？这里需要简单介绍一下货币和存款，货币和存款造成资本的外流有两种方式。一种就是中国的居民持有更多美元存款，这意味着资本的流出，这是重要的原因。另外一种是更重要的原因，原来香港地区或者非居民持有大量的人民币存款，现在不要人民币存款了。他们持有人民币存款意味着我们向他们借钱，等于是资本的流入。现在他们不要人民币，意味着我们必须把借条收回来，这时候代表了我们的资本流出。一方面国内居民增加了美元存款，另一方面海外居民抛弃了人民币存款。这两项相加，造成了存款和货币项目的逆差。

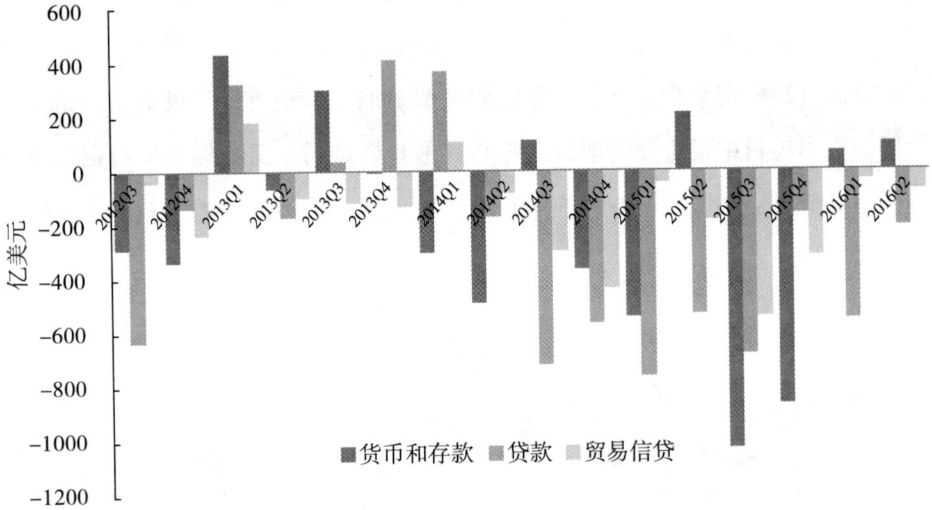

图 1-10　其他投资项目的构成

贷款亦是如此，过去有相当多的企业赌人民币要升值，海外融资成本比较低，于是借大量的美元，意味着资本流入。现在发现人民币要贬值，提前加速偿还美元债务，这在国际收支平衡表上表现为资本的流出。特别是在 2015 年贷款项下的逆差是比较大的。贸易信贷情况也是类似的。造成资本项目逆差的原因各有不同，各个时期起主导作用的因素不一样，概括起来，可以把它归结为套利套汇获利平仓。在人民币升值期间资本进来了，等着人民币升值。当发现人民币开始出现贬值趋势，赶紧逃走。资本项目之所以出现逆差的重要原因是什么？就是所谓的套利套汇平仓。

中国人均收入提高，居民需要对财富收入进行配置，我们原来不想持有美元，现在想持有了。这样也会造成资本的流出，这是居民财产的重新配置。还有中国的投资收益在内地相对下降了，FDI 减少了。另外对外直接投资（ODI）出于种种原因增加了，原因可以具体分析。例如，有一种观点认为中国资本货币市场 M2/GDP 太高了，因此赶紧走掉了，当然还有法律、政治因素等。这些实际情况和预期相互作用，导致资本的外流。想通过稳定预期抑制资本外流是不能解决问题的。预期不是无源之水，无本之木。我们必须解决根本的东西，才能解决预期的问题。

从现在的情况来看，2014 年之后是热钱流动第二季。第一季是 2003 年以来的热钱流入，第二季是 2014 年以来的流出。对非居民来讲，只有在人民币贬值到位之前把人民币资产转化为美元资产，才能实现做空平盘、套利套汇平仓、资本外逃的目的。

热钱流出到底会不会导致国民财富损失，这是基本的问题。钱进来了又走了，这不是很正常吗？但是小偷进了你家又走了，是不是正常？不太正常，因为还要拐走东西。简单想都可以知道，在人民币升值开始的时候进来，等人民币升到最高点时跑掉，肯定赚钱。投机者、投资者，套利套汇者赚的钱就是你的损失。不可能他赚了钱，你还不损失。

八、藏汇于民？

有一个流行的说法，说外汇储备减少是藏汇于民。这个说法是非常有问题的，它充分利用了汉语的模糊性和暗示力量。“藏汇”是好事，改善资源配置，不能完全否定。但这个词非常具有误导性，从恒等式角度来讲这没有什么错，外汇储备减少一定意味着非官方的，非储备资产增加或者是中国的海外负债的减少。但是必须还要看因果关系，这样一种外汇储备的损耗是因为想改善中国的资源配置而采取的主动行动。过去我们建立主权基金，把钱拿给银行注资或者是采取某种方法使大家能够更好使用美元，提高投资收益率。如果是这样，那自然是藏汇于民，没有问题。现实的情况却并不是主观改善资源配置的行动结果，而是套利套汇平仓、做空平盘、资本外逃的结果，这不能说藏汇于民。判断外汇储备是否藏汇于民，要具体问题具体分析。为了到美国读书而换汇完全合理正常，这是藏汇于民，是人力资本投资，无论回来还是不回来，总之对中国都是个好事情，有助于中国未来经济的增长和社会的安定。

最近我们的ODI急剧增长，这个事情有问题。大家知道日本有一段时间大规模进行海外投资，是在日元升值的情况下发生的。而我们现在是人民币贬值，跟那个情况不一样。出现大规模的ODI，到底是不是资源合理配置？是企业看到在海外有更好的盈利机会或者对国家利益有更好的促进作用，于是增加了海外投资？不一定完全如此。需要具体问题具体分析，不能一概而论。

从因果关系来看，不能说外汇储备减少都是藏汇于民，我承认有部分确实是。大家都知道有这些基本的恒等式，例如国际投资头寸表，海外资产-海外负债=海外净资产，目前中国差不多有2万亿美元净资产；国际收支平衡表，经常账户顺差+资本与金融账户顺差-Δ外汇储备变动=误差与遗漏。从这些关系式中得出一个非常简单的关系式，累计的经常项目顺差=海外净资产的增长+累计的误差与遗漏。累计的误差与遗漏是我们事后算出来的，基本恒等式是成立的。

如表1-1所示，中国的经常项目顺差累计从2011年一季度到2016年三季度是多少？1.28万亿美元。按道理来讲，我们的国际净头寸差不多也是这个数，但是实际上我们的国际投资的净头寸的变化是-124亿美元。我们资本输出累计1.28万亿美元，按道理应该表现为1.28万亿美元海外的净资产的增加值，事实上不但没增加反倒减少了。图1-11也反映了这个问题。有些比较权威的经济学家对此做了解释，虽然说他们的解释是很有水平的，但我认为是不够的，并没有使我们完全信服，还有漏掉的东西，首先这1.28万亿美元哪儿去了。我们的净资产在2011年的时候是1.79万亿美元，到2016年第三季度是1.75万亿美元。从2011年到2016年我们的净资产没增加，还大幅度减少了，这是很奇怪的。外汇储备在2014年之后开始大幅度下降，下降了 1 万亿美元左右。如果是藏汇于民，非外汇储备这些资产应该有一个比较大的增长。但它没有明显变化，趋势还跟原来一样。再看负债，负债虽然有所减少，但基本是持平的。从非居民的海外资产的增加和中国海外负债减少两者之和，不能解释我们外汇储备减少的原因。我们考虑这里面存在估值效应，存在统计口径的变化，更有误差遗漏的问题。误差应该是波动的，而不是一个方向往下走。但是，我们却是一个方向往下走，这给我们留下很多疑问，钱到哪儿去了？

表 1-1 国际投资头寸表与经常账户变化

（亿美元）

2011 年一季度到 2016 年三季度		
经常项目顺差累计额	12800	
误差与遗漏项目累计额	6200	
国际投资净头寸变化	-124	从 17595 下降至 17470
储备资产变化	1484	从 31156 上升至 32640
私人部门海外资产变化	20000	从 12283 上升至 32272
私人部门海外负债变化	21597	从 25844 上升至 47422

九、我们应该担心什么？

以日本为例，老龄化阶段可以用海外净资产的收益弥补贸易逆差，从而得以避免陷入债务陷阱，维持生活水平。但是，我们把钱借给别人不但收不到利息，反而向别人付息。现在是不但向别人付息，就连本金也越存越少，二三十年后老龄化的中国又将会面临什么样的挑战？

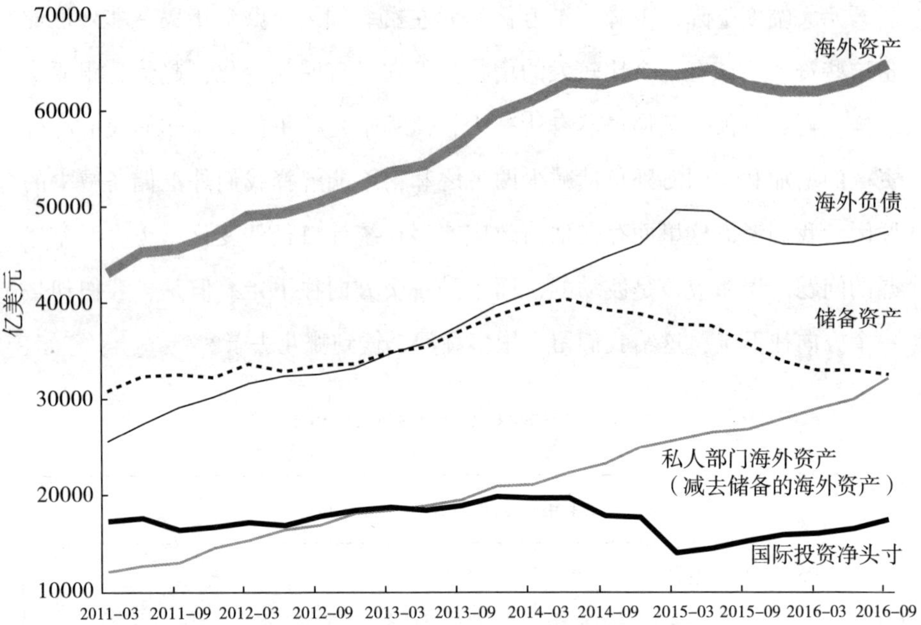

图 1-11　2011—2016 年中国海外资产与负债变化情况

点　评

李若谷：余教授的结论是要汇率放开，资本项目还是要管制。我想从具体工作的角度提点想法和意见。

我始终赞成资本账户要有一定管制，特别是短期资本流动要有比较好的管制。关键问题是困难在什么地方？我们支持不支持这种全球化的发展？我想我们是支持的。贸易的全球化我们是支持的，人员的全球化、资本的全球化、信息的全球化我们支持不支持呢？到了实际工作以后，有些是难以推进的，比如说贸易全球化之后，我们贸易顺差越来越多，海外投资的冲动就出现了。这些年我们的经济增长不是很理想，投资成本高于美国，收益低于美国，说完全不开放，也是一个比较困难的事情。因此我自己也在思考现在的困难到底在什么地方。我不主张加入 SDR 货币篮子，我觉得为时过早，但是已经加入了。加入之后，资本控制就受到很大的限制。怎么办？还得想点市场的办法。这些年我没做这方面的研究，不敢说什么。过去很多人提的建议就是海外投资征托宾税，但不能只征税，改革也要跟上。怎么才能提高人民币汇率的灵活性？困难在于实际操作。

人民币实际上已经是放开的资本账户，放开香港地区是为了支持香港的发展，其他的贸易没有多少。当时放开人民币也遇到很多阻力，因为香港是两种货币制度，两个经济制度，50 年不变的。很多人对这个事儿有疑虑，我专门到了香港和任志刚谈，我问他：你到底对放开人民币有没有顾虑？他说没有顾虑，他们想做人民币的海外中心。他知道港币将来早晚不行，人民币会成为主要国际货币。如果香港地区不是主要的金融中心，对香港地区的国际金融地位有影响，所以他支持人民币走香港地区。港币是自由兑换的货币，管不住。我觉得在实际操作中确实有一定的困难。另外有人说人民币国际化和资本账户放开是一致的，我却觉得其实是不一致的。我觉得资本账户的管制和人民币的国际化可以并行不悖。看一下美元、马克和日元，它们国际化的过程都有很多的资本管制。到了 20 世纪 80 年代后期，德国、美国才完全放开资本账户。国际货币没有受资本账户部分管制的太大影响。我举个例子，2001 年我在国外看到很多的货币兑换点自由兑换人民币，北美、欧洲都有，亚洲也有。20 世纪 90 年代我去越南的时候，河内可以用人民币直接买东西，边贸更是如此。我专门去过缅甸谈边贸用人民币结算的问题，也就是说，20 世纪 90 年代到 2000 年的资本管制非常严了，那时候人民币已经走出去了，可以直接换，但是换得比较高一点，要想拿 8 元人民币换 1 美元不行。当时我记得在加拿大和美国是 10 元人民币换 1 美元，因为有成本，所以比较高。拿美元换人民币的也有，但是少，大多数是人民币兑换美元。

其实资本账户管制和人民币国际化并不完全矛盾，这是我在实践中的体会。

另外，我还想表达一个观点，我比较主张人民币国际化，我觉得人民币国际化不是经济问题，是战略问题。必须形成三分天下有其一的局面，否则我们没有办法和人家竞争。特朗普今天早上又提中国了，因为中国进入WTO，他关了多少个厂子。他从来没有提过从第二次世界大战后到现在的72年，美元因为是主导货币而获得了多少好处。我想是不是需要比较全面地看待汇率制度的选择。我始终在思考一个问题：如何计算浮动汇率？我当面问过格林斯潘，他没有回答我。美元浮动，人民币也浮动，欧元也浮动，我们怎么计算？如果说美元是自由浮动，我盯住美元，我对所有货币也是自由浮动，只是对美元没有。那怎么就说我不是自由浮动汇率呢？说来说去还是以美元为中心，只要兑美元浮动了，就是自由浮动汇率。既然是这样，为什么人民币升值，没有人提过意见。只有人民币贬值的时候，人们提意见。这是为什么？

所以我觉得提高汇率灵活性，我不反对，怎么计算浮动，没有标准。

还有一个问题是现在资本外流是毫无办法的，管是管不住的。现在中国企业、国外企业无数，人也无数。想用一个办法把它管住，管不住的。之所以外流，最基本还是一个经济基本面的问题，即经济发展是不是比较满意。如果说投资回报率很高，它不会走。正是因为比别人差了，才会有资本外逃。所有力量和注意力应该集中在国内经济怎么搞好上面，而不是怎么管理资本项目或者要不要防止外逃。

刚才讲到浮动汇率，中国和其他很多国家不一样，跟国际理论框架模型是不一致的，按照那个模型做就会失败。其中很重要的原因就是十三四亿人口，完全是不可预测的变量。我们以前一直说外贸企业间接就业2亿人，直接就业4000万人。真的把汇率放开，让它大起大落，例如日本20世纪80年代从200掉到80多又回到150。但是，这么浮动中国能否承受得了？

我觉得货币政策还是要有自己的独立性。人民币的贬值、升值好像很关键，但是做强中国自己的经济是唯一的出路。咱们现在海外投资大多还是以美元结算，为什么不用人民币？实际上到美国和欧洲可能困难；但到欠发达国家，你说只有人民币，没有美元，它肯定会接受。因为它太需要投资了。所谓“一带一路”的国家我几乎全都去过，我们在那些国家都有项目，所以说如果我们坚持发展，坚持推动人民币的国际化，总体风险应该是可控的。

我非常赞成刚才余教授说的很多观点，资本管制、放开汇率都可以。关键是实际经济能不能够承受，实际操作能不能够做到。我确实离开央行很多年了，不知道现在有哪些具体的困难。说到中国的外汇储备，谁说中国的外汇储备能不能分了的啊？

刘纪鹏：张维迎说的，我当时批判过他的。

李若谷：中国的外汇储备和日本的外汇储备不一样，不一样在什么地方？日本的外汇储备全部是财政发债买回来的，如果分了是财政钱分了，中国外汇储备是央行发行货币买的，大家分了等于央行货币都出去了，这是区别。大家说外汇能不能用，用等于用了央行货币发行。有一个外汇占款项目顶着呢。第一财政部不愿意买，第二财政部说要发债必须经过人大批准，但是人大不会批准我发债。当时是 4 万亿元，它买回来需要发 20 多万亿元的债，所以不愿意。

余永定：我们已经讨论到应该担心什么。我从 20 世纪 90 年代后期对咱们国家的国际收支结构就有所担心。我觉得有这么一个基本道理，人无远虑必有近忧。我不但看一两年，看四五年，要为下一代看一看。中国迟早要进入一个老龄化阶段，到那时候我们的出口能力必然要下降。一个国家不可能永远保持贸易顺差。那时候如果我们不能从海外净投资中获取相应利益，收入水平就会下降，生活水平就会下降。那时候我们出口换来的外汇就不能用于购买商品，购买知识改进生活，只能被动偿还债务和利息，那样的情况下中国的经济增长主动性就丧失了。我们现在必须考虑这个问题，怎么使我们的国际收支结构更为合理，我们要继续积累海外净资产，以备我们的老龄化。尽可能使我们的海外资产有尽可能高的收益，否则就是资源的错误配置。

现在我开始转到汇率问题，其实刚才李行长讲的许多事情跟我所说的并没有原则上的区别，但是有具体的时点上的问题。比如资本项目自由化，我特别担心由于不肯让汇率自由浮动，就不得不进一步加强资本管制。进一步加强资本管制，可能会对正常贸易往来和正常的海外投资造成极大的影响。我主张汇率浮动是要分担压力，我们的汇率越是灵活，能够对市场做出反应，对于资本管制的要求可能更低。关于人民币国际化的问题，我赞成人民币最终成为国际储备货币。不能让美元一元独霸，这对中国和全世界十分不利。人民币国际化需要一系列的前提条件，必须做好这些准备工作才能够放手推进人民币国际化。而且，是让市场力量推进人民币国际化。

我们过去的问题是什么？我们的条件并不成熟。首先汇率缺乏灵活性，基本上是对美元盯得比较死，这种情况下推人民币国际化，并在人民币国际化这样一种政策的指导下，实际上在搞资本项目自由化，时序错误了。加紧改革国内的资本市场，把国内资本市场做大做深，应该先让人民币具有很高的弹性。只有在这样前提条件成熟的情况下，才有可能逐步推进人民币国际化。人民币国际化有它的路线图，资本项目自由化也有它的路线图。以推人民币国际化为名，推资本项目自由化之实，人民币国际化的路线图和推资本项目自由化正确的路径相矛盾。我们这种做法可能使人民币国际化推进过程遭受巨大的挫折，事实已经证明这一点。现在人民币国际化正在倒退，为什么？因为我们条件不成熟。由于前一段过快推人民币国际化，过快推资本项目自由化，导致或者是方便了大量资本外流，使得人民币承受极大的贬值压力。央行不得不急刹车，放缓资本项目自由化。实际上加强资本项目自由化，与此同时不得不牺牲人民币国际化。这些问题我等会儿再提。

现在回到我所讲的为什么主张要停止干预外汇市场，让人民币浮动。纵观过去十几年来，中国国际收支结构变化可以得出这么一个结论：缺乏弹性的汇率制度是造成中国畸形国际收支结构的重要原因。存在升值压力的时候，让人民币升值可以遏制热钱流入，促进贸易结构的改善；存在贬值压力时让人民币贬值可以推动出口，抑制热钱的流出。汇率和价格是一样的，可以起到信号作用，可以帮助实现资源自由配置。如果汇率浮动非常大，我们应该干预，要有一个限度。如果汇率出现长期贬值趋势或者长期升值趋势，干预往往无效，会造成进一步扭曲。先把长期趋势解决，在这一条件下，根据实际情况熨平坡度是正确的，单向干预是错误且无效的。主张让人民币浮动的另外一个理由就是在目前的情况下，贬值对经济有益无害。中国现在经济增长疲软，我从来不主张通过贬值的方法推动出口。如果人民币贬值，至少对出口没有什么坏处，对经济增长没有什么坏处。环顾左右，世界上没有一个国家不在偷偷让它们的汇率贬值。中国为什么要当这个冤大头？我过去10多年来一直主张人民币升值，现在人民币处于贬值压力，我转变立场，我认为应该让人民币贬值，有助于我们国家的经济增长，特别是在我们目前内需不足的情况下。

再举一个例子，刚才李行长提出中国到底能不能适应这个情况，说中国国情特殊。现在我就需要说一个简单的事实，可能在座的并不大清楚甚至搞经济学的都不大清楚。中国的汇率制度是什么？就是在国际上形容中国汇率制度的正式名称是什么？大家可能说“有管理的浮动”，但是你去查国际货币基金组织的正式报告，每年都有年度报告，关于汇率和外汇储备的年度报告。在2009年之后，就没有“有管理的浮动”这一说。中国的汇率制度按照IMF的说法就是“类爬行安排”。国际货币基金组织有多少个成员？189个。有多少国家实行这种制度？17个。17个都有哪些？没有一个发达国家，没有一个重要的发展中国家。总而言之，都是些非常弱小的国家，真正的大国一个没有。阿根廷和瑞士一度属于类爬行安排，2015年它们撤出了。中国是非常孤独的，但中国实际上是最不应该害怕浮动的国家，我们有经常项目顺差，有世界最高的经济增长速度，有世界上最高的外汇储备，有非常能干的政府，还有资本管制。

强调一点，我们现在的问题是持续单向干预。我们打所谓的升值非理性预期打了10多年，后来由升值变贬值。贬值持续了几年？从2014年到现在已经有差不多2年多了。存在强烈贬值预期情况下，在资本管制不是密不透风的情况下，外汇储备的流失是不可避免的。大家都认为要贬值，既然要贬值赶紧跑，不要让它一下贬到底。当我们撑着它的时候，有人利用这个机会实现胜利大逃亡，这样持续下去我们外汇储备越来越少。如果它们认为中国守不住了，有更多的资本外逃，会形成恶性循环。

总而言之，这样的情况是不可持续的。让汇率逐渐贬值的政策，我认为是缺乏持续性的，与其这样还不如让它一下贬值到位算了，要停止干预。

外汇市场上央行本来是一个庄家，市场里有多头和空头，两边博弈，庄家收钱。现在的干预政策使得央行成为外汇市场唯一的多头，整个市场都是空头。冒着汇率损失风险跟市场斗来斗去，也是不明智的做法。我们大家讲现在没有发达的衍生金融工具、避险工具，现在的政策下不可能有，大家都认为要贬值，谁赌它升值？一下贬到底之后，形成的汇率是均衡汇率。不是不变，而是上下波动。有升有贬的可能，就有做多、做空，就可以创造衍生金融产品。市场是单边市场，不可能发展衍生金融市场，不可能发展各种各样的避险工具。

还需要提一下，当前形势下，防止汇率贬值不应该是我们的政策目标。据我所知，在世界上只有一个国家以汇率稳定为目标，就是新加坡。新加坡没有货币政策，只有汇率政策。汇率政策就是它的货币政策，总而言之，它盯住一篮子货币。有人也怀疑它是真盯还是假盯。盯这个目标，其他就无法保证。我们的央行报告有一段话，我们为什么不能降准，为什么不能给资本市场注入更多流动性？因为外汇市场的贬值率上升，贬值压力上升。我们货币政策的独立性受到了汇率市场影响，想稳定汇率，一只手被绑定了，该宽松就不能宽松了。但是在目前的情况下，防止汇率贬值根本不应该是我们的政策目标。

如果把它作为政策目标，我们的代价太高，什么事情都要有成本收益分析。不知道什么时候开始，大家对于外汇储备的使用损耗认为无所谓，我们国家的经济政策核心问题是什么？创汇经济。我们国家在相当长一段时间内，经济发展以创汇为目标。尽管我不赞成这个目标，但是很长一段时间我们是这样做的，竭心尽力增加外汇储备。

外汇储备是要拿来用的，但用作什么得搞清楚。外汇储备基本有这么几个功能：第一，流动性，任何一种交易都要有流动性。有国际的金融和贸易，就要有一定的国际流动性，有一定的外汇储备。第二，正如李若谷行长所说，汇率波动太剧烈的时候，要适当干预，熨平它的波动。双向波动的时候，适当的干预也需要一部分的外汇储备。一个大国可能出现天灾人祸，以备不时之需也需要有外汇储备。还有东南亚经济危机开始出现的普遍现象，由于美元霸权地位，可以随便冲击许多国家，这样的情况下，要有相应的外汇储备来保卫本国的货币。这是后来增添的目标。我在牛津上学的时候，有一种观点就是不需要外汇储备。需要钱可以向资本市场借。东南亚经济危机之后，大家发现这样不行，借不来，自己得储。这样做，实际上把钱借给美国，造成了财富在全球分配的不合理性。我们为什么要改革货币体系，就是要使美元丧失霸主地位。人民币为什么有必要国际化，确实是这样。如果人民币国际化，我们增加外汇储备以抵御人家对本国货币袭击的必要性大大减少，这是对的。但是，无论如何这不是现实情况。现实是你要有相当的外汇储备防止袭击。

中国有资本管制，资本管制有效意味着不需要这么多外汇储备。许多没有资本管制的国家，需要有相当大的外汇储备。我觉得我们还是把资本管制加强一些，减少美元资产，有利于中国的经济增长。

对中国来讲，有一个特别突出的作用就是储蓄，一般来讲，储蓄可以用其他的金融资产，为什么用外汇储备这种方法？这是中国特殊国情造成的。澳大利亚一位著名的经济学家起的名字叫“泊车”。储蓄一方面无法在国内支持投资，另一方面没有更好的存放方式，干脆借用美元这样的工具储蓄。就好像，今天的食物吃不了了，先把它放到冰箱里，下次再吃。我们的外汇储备很大程度上是“泊车”，长期以来我们存在重商主义的倾向，使得外汇储备积累太多。我主张尽快把外汇储备用掉，这必须有助于资源合理配置，而不是用于干预外汇市场。总结来说，那就是外汇储备太多，需要消耗一部分，但使用的方式不是干预外汇市场，而是通过其他方式。这里涉及改革、纠正价格扭曲等。如何使用外汇储备，需要我们认真研究。

过去我们做了很多事情实际上是为了减少外汇储备，例如设立主权基金。我们曾经建议财政部发债，那时候我写了很多资产负债表。在某种意义上，外汇储备是可以分，但必须经过这些变化。刚才李若谷说，把外汇储备分了，实际上等于增加了基础货币。我的方式是财政部发售国债或者金融债，把钱收进来，先把流动性吸干了，用这个钱跟央行买外储，就没有问题。这个外储进入了财政部的预算里，可以在预算里用。日本就是这样，财政部发金融债，先把钱对冲掉，然后中央银行把外债买过来。我们有很多运作的方式，比如现在需要某种战略物资，黄金便宜，或者是石油便宜，可以用来购买战略物资。最重要的是要推动各种各样的市场化改革，消除价格扭曲，使中国的国际收支结构尽量合理化。合理使用外汇储备，我强调不是用于干预外汇市场，两年消耗掉 1 万亿美元。1 万亿美元是什么概念？IMF 所有资源，一共是 6600 亿。亚洲金融危机所有国家所动用外汇储备是 3500 亿。

外汇储备的损耗这本身就是代价，去年达沃斯论坛上，拉亚德（音）说用外汇储备干预汇市是一种不聪明的做法，损害外汇储备是汇率维稳政策非常大的代价。我们搞“一带一路”，为什么这么硬气？有外汇储备意味着有钱可以买东西。国家发现外汇储备不足了，就会考虑这个问题。我觉得不要让事件发展到那个地步。

还有一个代价，就是不得不去大力加强资本管制，影响了正常的交易，甚至可能会损害国家的信誉。原来我是主张资本项目可以自由化，但是要逐步来，不要着急。一旦走过了，再想回头，损失非常巨大。当时有些官员认为一旦发现有问题，重新实行资本管制就行了。我说不行，这样对国家的信誉损失非常巨大。如果让汇率浮动，大大减少了通过资本管制来干预外汇市场的必要性，可以维护国家的信用。资本管制本身像所有的物价管制一样，一定会造成大量的扭曲，这是不得已而为之的政策，尽量不用。怎么办？只好让汇率尽可能浮动。

还有，刚才李若谷行长讲了人民币国际化，他主张人民币国际化。现在的情况是，我们是在去人民币国际化。而且，央行希望放出去的人民币收回来。因为钱在外面人家可以做空人民币，这是东南亚金融危机非常重要的教训。人民币国际化的讨论，引用我们当时调研的结果，香港地区之所以能够打破国际投机者的供给，很重要的原因就是港币是非国际化的货币，虽然香港没有资本管制，想买卖港币，在香港银行间市场拆借，利息率上涨。中国香港地区政府可以控制形势，逼退布控者，打得它非常惨。但泰铢不行，借泰铢、卖泰铢，它就能打赢你。人民币国际化面临这样的危险，这是我 2013 年说的。

现在实际情况，为了不让人家做空人民币，我们在收缩，对香港的中资机构下了很多指示和命令，我们做过一件事之后自己往后撤。说明什么？操之过急，顺序不对，人民币国际化就会停顿甚至倒退，都是可以预见的。

还可以从另外一个角度来说，即便人民币汇率有比较大的贬值也不会有不利影响。首先我认为不会有太大的贬值，像中国具有很高的经济增长速度，大量的经常项目顺差、外汇储备、资本管制，这样的经济体汇率大幅度贬值的概率非常低，历史没有先例。其次，假设它贬值，按照国际标准，贬值25%，可能会产生货币危机。它会对一个国家的经济造成影响。

罗格夫的文章特别强调了四点：第一是银行货币错配，中国银行资金来源外币比重很低，不存在这个问题。第二，如果企业有大量的外债，企业会陷入债务危机。中国企业债务极高，但是外币债务相对而言只有百分之几。我们应该担心企业的债务问题，但不用过于担心人民币贬值对其造成的影响。第三是债权债，中国基本没有债权债。第四是通货膨胀，中国现在通货膨胀还不太严重，以后可能会需要我们高度关注。

总而言之，他所担心的这四个问题在中国基本不存在。第一我不认为会拉开幅度的贬值。第二即便大幅度贬值，对中国经济的冲击也是有限的。第三即便大幅度贬值，而且会对中国经济有极大冲击，还有资本管制和外汇储备，到时候可以背水一战。我们现在采取的政策不应该是拒敌于国门之外，打阻击战，一路消耗弹药，敌人打到门口的时候，弹药没了。如果根本不理它，让敌人劳师远征，随着人民币贬值，人民币换美元代价越来越高。做多头越来越多，做空头越来越少。它已经没有什么战斗力，你还没有废掉一枪一炮。

韩国汇率大幅波动是最明显的，先是往上走然后突然汇率大幅度贬值，这是发生在东南亚金融危机期间的。贬值有一个条件，在这之前都是经常项目逆差。全球金融危机期间也贬值，在这之前也是大量的经常项目逆差。没有一个国家是大量的经常项目顺差，还出现大幅度贬值。日本有类似的情况，贬值的幅度没有我们担心的那样大。韩国最明显，日本可能是有点意外。日本在有经常项目顺差的时候，是在房地产泡沫崩溃之后出现的金融危机，资本外流一度很大，在有经常项目顺差的情况下出现了贬值的趋势，在20世纪90年代中后期和2000年后都发生过几次。但是日本并没有因为汇率的贬值而出现经济问题。日本人最害怕日元不贬值，贬值他们高兴。日本银行在升值时干预，贬值时不干预。

图1-12　韩国汇率走势

韩国的情况是在有大量的贸易逆差的情况下贬值，贬值之后马上回弹。很多经济学家谈过，它的贬值过程非常短，半年一年就回来。东南亚金融危机是韩国历史上最严重的金融危机，确实贬得非常厉害，但一年之内就又稳定了。2008年金融危机之后也是如此。中国有比韩国更好的条件，汇率贬值，不会出现长期贬值冲击中国经济的结果。干预没有好处，而不干预也没有太大的危险，为什么不让它浮动，还能够使中国的国际收支结构逐渐得以调整。

由于历史条件和各种政策扭曲，中国形成了不合理的国际收支结构和海外资产负债结构。这种结构同汇率缺乏弹性密切相关，人民币国际化下的资本自由化过程当中，大量热钱流入进一步恶化了这种结构。汇率维稳政策，导致外汇储备大量流失。这种流失不能笼统说成藏汇于民。有藏汇于民的成分，但在很大程度上是方便套利套汇平仓、资本外逃，相当数量的海外净资产下落不明。这是有关方面需要认真考虑的问题。

举个简单的例子，假如你想到美国买房子，你认为美国房价比人民币贬值10%，要是让人民币贬值10%，美国的房子不比中国的便宜了，你就不买了。汇率有自我调节机制，越不让它变，越是刺激人家想把钱换成美元，出去买房子。

应该尽快让市场在资源配置上发挥决定性作用，汇率为什么不让市场发挥决定性作用？以此为契机，调整中国的国际收支结构。特朗普的上台，使贬值问题复杂化、政治化。去年特朗普上台之前呼吁尽快贬值。我还写文章希望特朗普说中国是汇率操控者，你说我操控，我不管，那人民币就可以顺顺当当地贬值了。他也不是那么极端糊涂，他没有在上台第一天就宣布中国是汇率操纵者，只是放点声又收回去了。说明他并不是完全糊涂的，他知道现在的政策有利于他，他要在贸易条件、关税问题上做文章。我希望他明天宣布中国是汇率操纵者，央行可能后天宣布干预人民币汇率，汇率贬值，我们汇率改革就能取得阶段性成功。

刘纪鹏：我也纠正一下，今天特朗普60分钟的演讲有94次掌声，只有一次提到中国，是说中国加入WTO之后，6万家美国工厂倒闭，他丝毫没有提汇率。

那么今天余教授的观点实际上就是说汇率要放开，与其在国门之外一步步防守，不如把它放到城里瓮中捉鳖，管住资本项目下开放。一步放开，您觉得汇率得一下跌到哪儿去？

余永定：我无法回答。我觉得央行可以设一个底线，应该做一个深入研究，中国所能承受汇率贬值是多少？认为不行，可以设一个底线。总而言之，在5000点入市干预我觉得早了，再跌点，肯定能守住3000点，我不太主张管它。不过跌破3000点就要管了。

崔之元：余教授一开始就讲了六个阶段是一个模型，是他的相当重要的参照系，但是中国不符合国际收支变化六阶段的任何一个阶段。对这个参照系，我认为要有思考，比如说我们实践非常复杂，有参照系并不是我们就可以照搬或者硬套。它只是在我们非常复杂的现实当中理出某种机制和头绪，这非常有帮助。

理论模型提出人杰弗里·克洛舍（Geoffrey Crowther），他很年轻，1938年他31岁时担任《经济学家》杂志主编，一直到1956年。杰弗里的学术风格有点像余永定教授的好友，现任英国《金融时报》副主编和首席评论员马丁·沃尔夫（Martin Wolf），他从对现实的细致观察中提炼和总结出具有理论意义的一些机制。这一风格在杰弗里那一代经济学家中是相当普遍的。

大家进一步研究的话，可以再深入思考。2014年中信基金会对《21世纪资本论》的作者皮凯蒂做过访问，他提出一个火星人拥有地球。这与豪斯曼的暗物质有着什么样的关系？皮凯蒂认为，因为发达国家，比如瑞士、阿曼群岛、巴拿马群岛避税天堂，未注册资产高于这些国家的官方净资产的赤字。实际上发达国家还是债权国，而不是债务国。这就解释了所谓国际货币基金组织统计中，火星人拥有地球，穷国和富国都是净债务国。这个和暗物质类似，暗物质是出口里面有很多知识、高科技，并不是看得见统计出来的。这个数据是对发达国家和不发达国家整体来说的，不是专门对于美国和中国的。

还有汇率的关系，余教授特别强调，他在之前的报告里面提出有一个“四选三”，就是有点像四元悖论。汇率稳定，保住外汇储备、货币政策独立性，资本项目适度开放或适度管制。不要保汇率稳定，要保外汇储备，保货币政策独立性，保资本项目适度开放或适度管制。他认为所谓蒙代尔的三难选择并不全面，在相当长时间内汇率稳定、货币政策独立、资本项目开放是可以并存的，条件是央行要进行对冲操作，中国的经验表明，这在相当长时间内是可行的。

我想了解余永定教授如何看待伦敦经济学院埃莱娜·雷伊（Helene Rey）的二元悖论，中心国的货币政策是全球金融周期的重要决定因素，它会影响全球性银行的杠杆性、信贷流动和信贷增长。这一传导渠道使三元悖论失效。意味着在资本自由流动的条件下，即使实行浮动汇率制度，也不能保证货币政策的独立性。现实中是否可以放松，他的逻辑更强调资本账户直接和间接管制。浮动汇率不能保证货币政策的独立性。

最后就是和李行长所说的有密切关系，中国企业走出去，像“一带一路”和资本账户的开放，资本外逃很难管。我同意余教授讲的外汇储备在2014年6月接近4万亿美元下降到今年1月份的2.99万亿美元的原因，不完全是藏富于民，大部分是被套汇套利者赚走了，我们需要藏汇于有真实外汇需求的企业和居民。《金融时报》有一个报道，王健林试图收购金球奖，也跟汇率有关系，可能收购要失败。在这个意义上，我们可能值得考虑普拉萨德（Prasad）和拉詹（Rajan）的资本账户开放实用主义方法，其要点是利用封闭共同基金与开放共同基金的不同。这与降低外汇储备过大的压力有密切关系，要使一些资本可以有序可控地流出去。他们提出的要点是要借鉴封闭式共同基金与开放式共同基金的不同。开放共同基金在发行新股没有限制，赎回资本也容易。封闭基金是外国人返还准备的渠道受限，无法引发巨额外资流入，也不能像开放基金那样自行确定海外投资上限。

具体是希望国家授权多个封闭式共同基金发行本币计价的股票，这些共同基金用其收益从央行购买外汇，再将这些外汇投资于各种海外资产。央行通过规定一定期限内允许共同基金使用的外汇额度，来控制流出资金的实际和数量，这些共同基金的资格可以由政府拍卖，对共同基金出售的外汇使用市场汇率。

1944—1971年这个时间内有很多不稳定的因素，有固定汇率和浮动汇率之争、意识形态之争。右翼弗里德曼和左翼的国际经济学家米德，他们两个人在浮动汇率上都是一致的。弗里德曼和米德不是意识形态之争，这在中国好像思想上很难突破，这里可能有政治经济学的问题。

余永定：我不太赞成二元悖论的问题，它有一些经验的支持，但是并不成熟。我倾向于三元悖论，并不是在三个顶点上，可以在各个地方、有各种各样的组合。我之所以提出四元悖论，用于强调不要浪费外汇储备，因为外汇储备是宝贵的。

另外普拉萨德，他对中国的国际收支结构批评建议跟我是完全一致的。他也认为中国一度陷入了美元陷阱，应该解决这个问题。2012 年之后，我俩有分歧，是对资本项目自由化的问题，他没有给我讲过你刚才说的这些方案。他认为中国应该逐渐开放资本项目，而我觉得中国现在不能开放资本项目，不能这么快开放资本项目。得有顺序，还得循序渐进。中国并没有做好充分的准备，我在《最后的屏障》这本书里面讲，资本项目完全自由化是我们改革的最后一步，我们宣布人民币可以完全自由兑换，等于宣布我们市场化改革已经基本完成了，这必须是最后一步。我认为央行自从 2015 年开始调整它的政策，这个调整方向是正确的。

现在的辩论是人民币的汇率是否要放开，而且我也需要说明一点，央行对于汇率的态度实际上一直是非常开放的。2004—2006 年，我之所以成为货币政策委员会委员，就是因为我在那时候一直主张人民币应该跟美元脱钩。2015 年 8 月 11 日，他们进行了货币制度的改革。我认为大方向是正确的。但是时间点可能选得不太好，因为股灾，他们对中国市场信心不足。我猜想如果再坚持一到两周，市场可能稳定下来。但只执行了 3 天，这个可能是一个错误。开始进行这个改革不是个错误，否则我们后来外汇储备就不会用掉了。所以我认为，中国关于资本项目自由化、人民币国际化，这里面有顺序和路线图的问题，必须规划好。实际上我们要强化加速国内的经济体制改革。

李肃：外汇流动的控制问题，现在是核心问题。

外汇有政治因素和技术因素。政治因素就是认为中美关系是在一个很不确定的状态里；在技术层面，现在认为在实际操作上没有多少交易对手。

现在研究外汇还有外汇储备投资的问题，说很多数据都在说明外汇储备没正经用。中国的外汇储备投资都是负的，这太对了。现在如果守住6.5%，所有投资都是值得的。理论上应该放开手，大规模搞基础设施全球投资。

外汇储备在总量上怎么升，在结构上怎么用，怎么让民间资本出去的时候实现有效率的投资，和流动控制不是一回事。外汇能力提升问题，现在所有对中国最有信心的人认为，2018年美元就得崩溃。崩溃的话我们的外汇储备会有很大的损失。中国人民币国际化的问题，绝不仅仅是一个流动的问题，也不仅仅是开放的问题，实际上牵扯到中国的人民币会否替代美元。

刘纪鹏：李肃有一个观点就是让中国到发展中国家发债，然后买中国的高铁和中国的所有产品。

余永定：从2008、2009年开始，一直提让人家发熊猫债，这样我们把美元给它。熊猫债，可以给它任何钱，这是解决外汇储备。不要让外汇储备干预外汇市场，你所说的都需要有个计划。不是通过干预市场的渠道把外汇储备用掉，而是我们要在“丝绸之路”进行基础设施投资。这样使用外汇储备我觉得就可能是合理的。不是外汇储备要不要用的问题，也不是外汇储备多和少的问题，而是外汇储备应该怎么用的问题，这是核心。

互动提问

问：现在有一种说法叫人民币汇率的市场化改革，其实就是自由浮动汇率的改革。为什么要这样篡改？其实是为了强调市场化永远是对的。但是据我所知，全世界所有的市场经济国家，所有的汇率制度都用过，根本跟市场化没关系，跟一个国家是不是搞市场经济没有关系。

我现在想提的问题是：余老师是不是考虑过，作为一个实业为本的国家，这样一个自由浮动的汇率制度是不是能够满足我们经济基础的要求？我们问过这个问题吗？应该做什么样的汇率制度？这是一个特别核心的问题，也是一个很本质的问题。

余永定：我觉得刚才的讲座已经回答了这个问题，中国应该有一种什么样的汇率制度，而且国际经验是什么。刚才我特别讲了世界上只有17个国家实行跟中国类似的汇率制度，而这17个国家都是很小、很弱，经济往往很不好的国家。所有发达国家，所有重要的发展中国家，中国所有重要的邻国都采取了浮动汇率制度。

问：我有一个疑问，所有以实业为本的国家，除了德国都因为浮动汇率制而形成了巨大的金融危机，出现了非常大的经济损失。

余永定：我对你的判断有所保留，实际情况不是如此。从国际经验来讲，从咱们国家目前的形势来讲，我讲了国际收支结构不合理，如果不纠正，我们的后代子孙会为此付出代价，我们对此比较担心。为什么会形成这样一种结构？跟我们的汇率缺乏弹性非常有关，该升值不升值，该贬值不贬值，害怕浮动，这是非常大的问题。刚才崔之元谈到这个是怎么回事，我觉得是政治经济学因素，不是经济因素。我们有一个非常大的特点，规避风险，咱们似乎对任何决策风险承受力度极低，没有99%或者100%的把握，这事就不做。

金岩石：现在的问题是，如果把外汇储备当作一个国家的信用资产，其实外汇储备以美元为主导，就是我们借美元出海。否则很多国家为什么要人民币呢？是因为你有美元，人家才要人民币，这就是我们的外汇储备部分地代表了中国的国际信用。

第二篇
中美贸易冲突与可能的中国应对

蓟门法治金融论坛第30讲

时间：2017年3月8日

地点：中国政法大学蓟门桥校区科研楼二层报告厅

主持：刘纪鹏

主讲：陈兴动，法国巴黎银行董事总经理兼首席经济学家

主持人荐语

刘纪鹏：企业家出身的特朗普，美国新政，将使当今世界中美两大国的博弈，从意识形态之争转向经济竞争，且集中表现在中美贸易冲突上。广义的中美贸易冲突包含两个方面：一是以制造业为代表的关税之战；二是以金融业为代表的汇率之战。在此背景下，特朗普如何出招？中国如何应对？制裁中国能否使美国走出困境？会否导致调整中的中国步入危局？近30年经济衰退至今不能自拔的日本教训可直接为我所借鉴。蓟门论坛陈兴动博士的讲座，就大家共同关注中美博弈的焦点和热点问题，逐一具体

分析判断，并提出对策选择。

领导致辞

时建中：中美贸易之间的问题是常态问题，特朗普上台之后可能会出现一些新的表现，中美之间的冲突可以表现在非常多的方面，就像伊朗政府管制的问题，以及背后的知识产权的问题，倾销与反倾销、补贴与反补贴、垄断与反垄断等一系列与贸易有关的其他问题。中国、美国分别作为当今世界上最大的发展中国家以及最发达国家，二者之间的贸易关系问题影响着整个世界经济乃至政治环境的稳定，因此如何解决中美贸易失衡导致的冲突问题，是一个极为重要的话题，对此学界应给予高度的重视。陈兴动教授的这次讲座，对法大的同学以及老师来说，是极具现实价值的。

今天的演讲主要会涉及以下几方面的内容：

第一，中国现在所面对的威胁之一就是美国可能对中国的贸易采取全面、直接的限制措施。特朗普上台之后，他将不断把在选举过程当中所答应的事情一一落实。所以美国对中国是很有可能实行贸易限制的，对此我们应该严肃对待。国内许多进行政策研究的人发出一种比较强烈的声音，认为我国不需要担心来自特朗普的威胁，觉得特朗普所能实际达成的事情比他承诺的要少。但我认为我们还是需要认真对待的。

第二，客观上从数字层面我们看到中美贸易不平衡是在不断扩大的，而且长期保持这一状态，但这种情况可能难以继续下去了。

第三，中国目前的状态与20世纪80年代初期日本的情况有相似之处，因此更不能掉以轻心，更何况当时的美日之间还是同盟关系。90年代之后日本出现经济危机导致了泡沫破裂，之后就出现了所谓“失去的20年”，后面发生的都是后果。

第四，中美之间会出现贸易战吗？解决中美贸易不平衡状态有三个办法：首先就是展开贸易战；其次是美方不断地加剧对中国的压力，迫使中国做出让步；最后一种办法就是中美坐下来进行协商，以达到虽不是最优，但双方都能够接受的状态。我们都希望是采取最后一种办法。

第五，中美之间这种可能存在的对抗对中国的经济会有什么影响？在人民币、外汇储备方面有可能会存在一些影响。

针对以上问题，我将从以下一些方面进行分析。首先，对中美的贸易情况进行分析。其次，对 20 世纪 80 年代初期的美日情况进行探讨，通过分析日本当时的解决问题的方式，可以从中吸取一些经验。最后，我认定中美之间解决问题的基本方式是达成一项协议，但即使达成协议，问题依然没有完全解决。

一、中美贸易概况——中国是美国贸易逆差最大来源国

特朗普在选举当中发表了许多对中国不利的言论。例如中国对美国采取了很多不公平的贸易政策，在美国实行倾销行为，对美国出口采取了或明或暗的大规模补贴。中国加入 WTO 之后，对外贸易更是发展迅速，导致美国大量工厂倒闭。同时，他指责中国偷窃了美国的技术，比如网络技术；在金融方面则指责中国长期对人民币汇率进行操作。特朗普威胁中国，表示要对从中国进口的商品征收 15%—45%的关税。

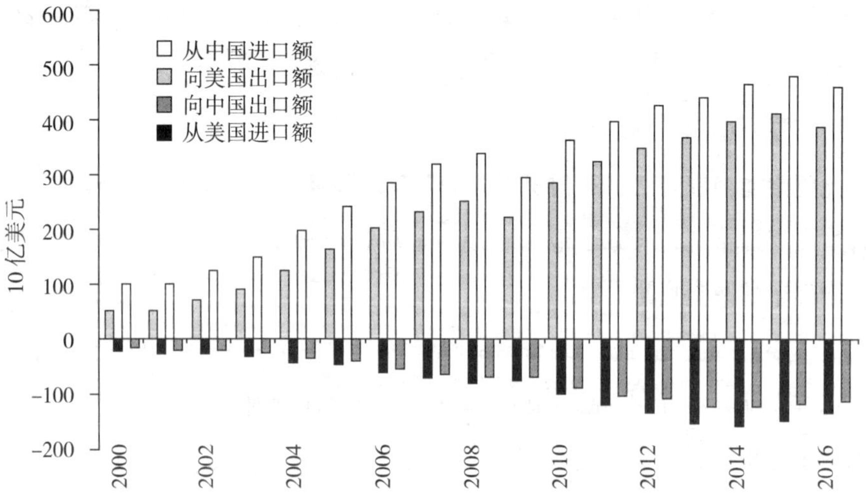

图 2-1　中美进出口总额对比

国际贸易全球化始于20世纪80年代初期，而且是由美国发动领导的。中国最大的变化是从2000年以后才开始的。如图2-2所示，15年中，中美贸易扩张了6.5倍，也就是说年均增长达到14.4%，中国的出口扩张到7.9倍，年均增长14.7%；进口增长慢，但也扩大了5.7倍，年均增长13.6%，这说明中美之间的贸易的确在大幅度扩张。

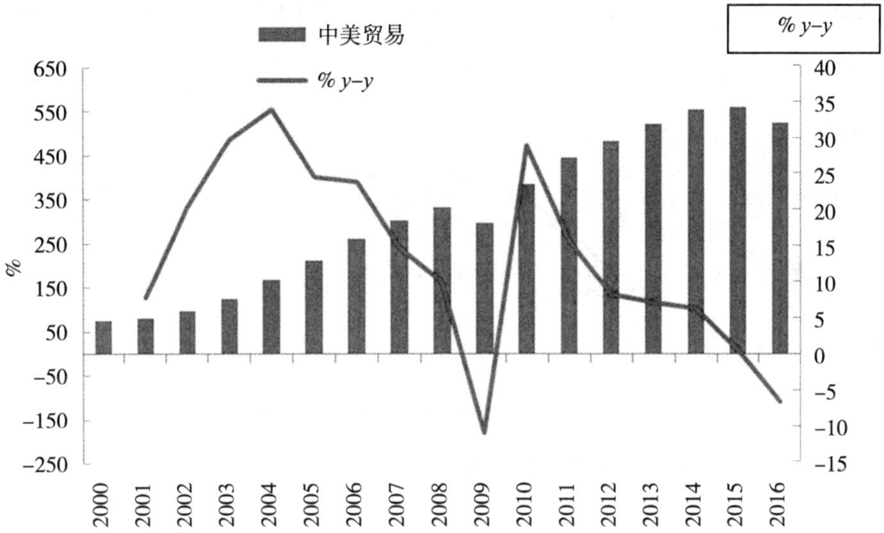

图2-2　2000—2016年中国对美国贸易情况

中美之间的贸易量是在上涨的，但增长过程中有两个特点：首先中美贸易关系是不平衡的。如图2-3所示，中国对美国贸易顺差占比，在2003、2004年中国进入WTO之后，曾经达到250%。2016年，中国对美国的顺差占中国贸易顺差总量仍然达到46%以上。如图2-4所示，美国对中国的贸易逆差占美国贸易逆差的总量的大部分，到2016年达到46.3%，差不多一半。

如图2-5，从1996年到2016年的20年时间里，美国与其他国家的贸易总量比较，中美之间的贸易总量并不是最大的，最大的是欧盟，第二是加拿大，第三是墨西哥，第四是中国。但这两年中国已经成为美国对外贸易第二大国。如果按照过去20年的平均水平来看，中美之间的贸易总量占美国对外贸易总量11%多一点，排在第四名；如果按照2015、2016年来看，贸易量已经排第二了。美国市场对中国至关重要，中美之间的贸易不平衡是长期扩张的过程。

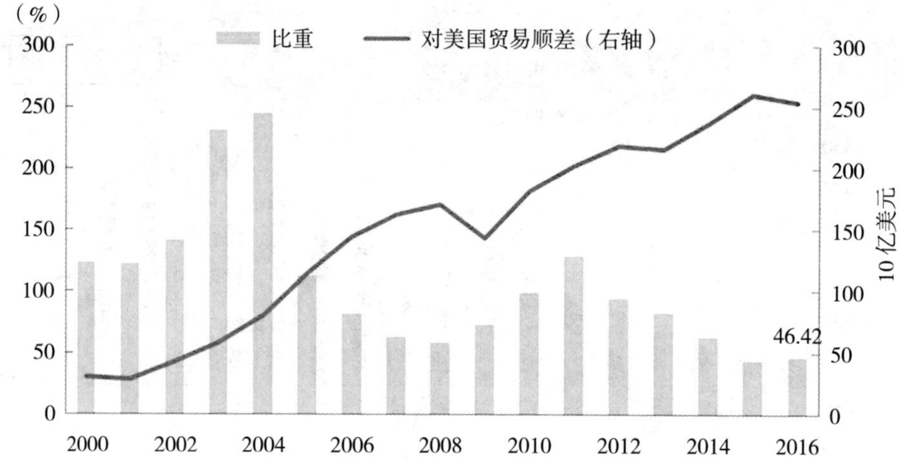

图2-3　2000—2016年中国对美国贸易顺差占中国顺差总量的比重变化

图2-4　2000—2016年美国对中国贸易逆差占美国贸易逆差的比重变化

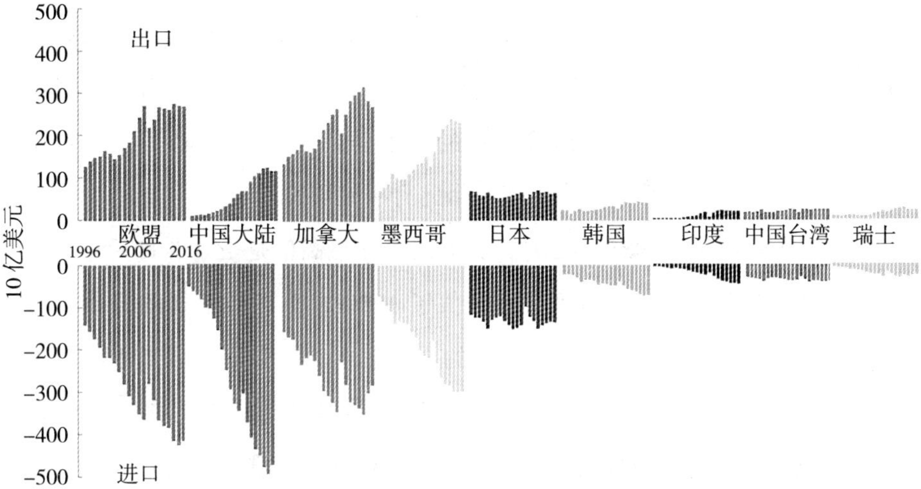

图 2-5 1996—2016 年美国与多国的进出口贸易总量比较

二、类比 20 世纪 80 年代的美日关系

中国的这个状态和 20 世纪 80 年代的日本是非常相似的。20 世纪 80 年代初期，美国是日本当时出口的最大进口国，而目前美国是中国第一大出口国，日本当年也一样，这是非常显著的相似点。当时日本和美国之间贸易出现巨大的不平衡，而且持续时间很长，这也和中国现在非常相似。美国人也同样谴责日本采取了不公平的贸易策略。1981 年里根上台，里根是美国较为强势的总统之一，特朗普也是同样的状态，这也与目前的中美关系有共同点可比。

当时日本采取三种方式来应对美国：一是采取制动的出口配额，刚开始从纺织品，之后到汽车，日美之间达成协议，对出口量进行各种限制；二是转移生产地，开始向美国投资；三是日本把国内市场向美国开放。但日本有许多非贸易壁垒，就像日本的加油枪和美国汽车的加油口不匹配，即使开放美国汽车的进口，也相当于没开放。

最后，压力不断上升，最终在 1985 年 9 月，达成了著名的《广场协议》，这以后，日美之间的贸易从直接的战争状态转变成为冲突。美国对外投资大规模上升，1986—1988 年不断对海外进行投资。投资最后的结果还是比较明显的，最典型的例子是汽车产业。1986 年之后美国开始在日本生产汽车销售给美国市场，这样导致的后果是美国 GDP 下降了，但 GNP 上升了，就业率也上升了，许多产业借此有了发展。

如图 2-6 所示，1985 年 2 月，日元对美元最高值是 260. 5 日元兑 1 美元，这之后大概在三年时间里日元升值了 108%。而且最主要的升值压力都表现在前两年。日元的升值是被迫的，并非主动。升值以后日本就出现了三年的贸易衰退。日本的贸易从 1986 年开始迅速下降，经过 1987、1988 年衰退三年然后慢慢回升。当时世界没有发生灾难，没有发生所谓的金融危机，纯粹是因为汇率的升值，迫使日本把投资转到国外，这导致日本的贸易量上升，但利润率下降。

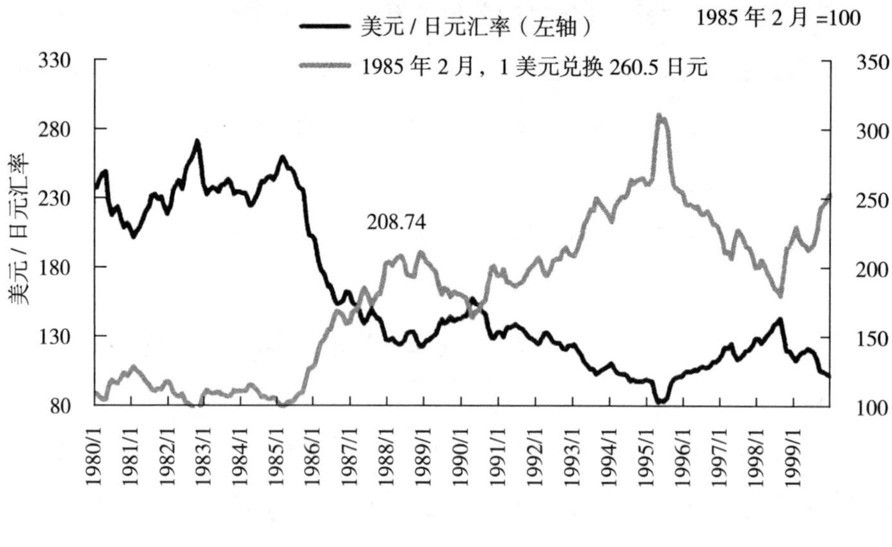

图 2-6　1980—1999 年美日汇率变化趋势

投资的第二个后果是，如图 2-7 所示，导致日本土地价格大规模膨胀。当日元升值时，日本当时被冲昏了头脑，认为可以买下全世界，因为购买力非常强。当时日本人甚至认为可以把旧金山买下来，成为日本的海外地。当时金融资本大规模开放，日本出现大规模资本流出，东京的地价大幅度上涨。

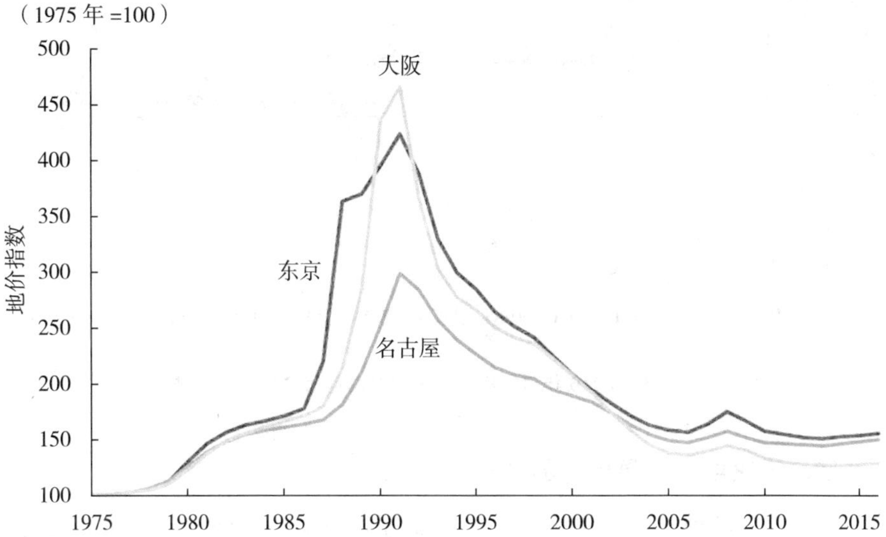

图 2-7　1975—2015 年日本主要城市地价变化趋势

日本的工业化在 1978 年完成转型，日本的城镇化、地区发展不平衡在 1975—1978 年基本完成。再看图 2-8，我和日本经济学家、日本央行和日本财政部多次讨论过此图，很多投资者讨论比较中国与日本都用这张图。大概在 20 世纪 70 年代末 80 年代初期，日本经济像我国经济一样上升一段时间开始往下降。有人说现在中国的经济或高或中或低速增长，但日美贸易冲突和签订协议以后，日本的经济增长率是腰斩型变化的。20 世纪 90 年代泡沫破灭后，出现了所谓的“失去的 20 年”，日本经济在以 1% 左右速率增长。

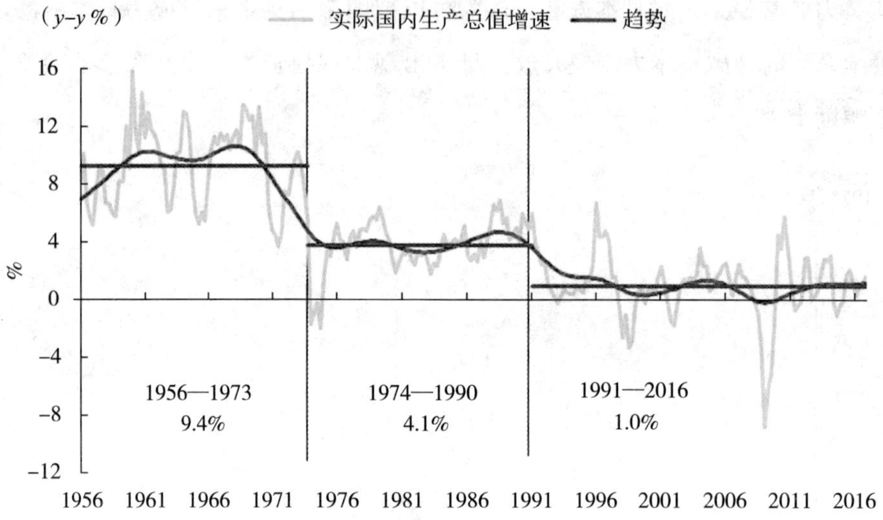

图 2–8　1956—2016 年日本实际国内生产总值（GDP）变化趋势

三、解决中美贸易问题的选择

中美之间的贸易不平衡数字很大，而且时间很长，处于长期扩张的过程。但我们和日本当时的情况还不太一样。20 世纪 80 年代以来，中国经济的增长是全球化的结果，而日本却不是全球化的结果。相当多的美国公司投资于中国的生产，美国对中国的制裁事实上是对美国公司的惩罚，而不仅仅影响中国公司。中美之间的贸易互补性很强，二者贸易产生的直接竞争不是很大。中国出口到美国的产品 60% 是劳动密集型、低附加值且质量比较差的产品，主要销售给美国的中低收入者。如果要减少中美之间的贸易不平衡，很简单直观的一个方法就是中国多增加进口，减少出口，单纯把数字降低是可以做到的。

多增加进口，那进口什么产品呢？其中的问题不在中国，而在美国。美国想要出口给中国的产品，相当多已经在中国生产了，例如可口可乐或者美国生产的汽车，中国已经不需要从美国进口了。中国需要进口的是美国的技术产品、军工产品，而这些是美国不愿意大量出口中国的。由此可见，增加中国进口并不能解决中美贸易不平衡，解决的方向看来是减少中国的出口量。中国可不可以学习日本，采取主动配额制配额出口？中国方面当然会反对，目前国际贸易都是按照 WTO 规则进行的，是多边贸易谈判的结果。

如果不愿意主动减少出口，就只能被迫减少出口。如果美国对中国的产品采取高关税，是可以减少中国出口量的。有一个计算出来的模型，中国出口到美国的商品的价格敏感度是 1.6%。如果其他条件不变，把价格提高 1%，出口到美国市场的出口量就要减少 1.6%，这对中国来说是难以接受的。中国出口的产品是普通消费品，短期内数量又多，4000 多亿美元的产品，美国人如何找到这么多的产品替代呢？短期内是难以找到的。而且使用本国产品，价格必然会上升。选民是没有耐心的，特朗普的政策如果导致生活成本上升了，选民也会对此不满。因此，贸易战将会导致双输的状态，从理性上看应该可以显现谈判。中国也当然不愿意和美国打贸易战。

通过表 2-1 可得知，美国是中国出口的最大单一市场，按照中国的统计数字来看，所占比例在 18% 左右；美国从中国进口的比例在 22%—23%，占比基本达 1/4。

表 2-1　2010—2016 年中美进出口贸易占比

美国占中国的比重	2010 年	2011 年	2012 年	2013 年	2014 年	2015 年	2016 年
人民币统计口径（总量的%）							
与美国的贸易	13.0	12.3	12.5	12.5	12.9	14.1	14.1
向美国的出口	18.0	17.1	17.2	16.7	16.9	18.0	18.2
来自美国的进口	7.3	7.0	7.3	7.8	8.1	8.9	8.5
平衡	98.3	128.2	94.1	82.6	62.3	43.3	46.4
美元统计口径（对比中国总量）							
与中国的贸易	15.4	13.8	13.9	13.5	13.7	15.1	15.5

（续表）

美国占中国的比重	2010 年	2011 年	2012 年	2013 年	2014 年	2015 年	2016 年
来自中国的进口	23.1	21.0	20.8	19.9	19.9	21.1	21.7
向中国的出口	6.6	6.0	6.1	6.2	6.3	6.9	7.3
平衡	148.0	187.0	135.4	121.9	90.2	60.9	63.4
票据（10 亿美元）							
中国总贸易差额	184.5	157.9	232.8	261.4	380.1	601.7	547.2
中国对美国的顺差	181.3	202.4	219.1	215.9	237.0	260.4	254.0
美国对中国的逆差	-273.0	-295.2	-315.1	318.7	-342.9	-366.4	-347.0

中美之间的贸易顺差、美中之间贸易逆差影响太大，短期之内难以找到替代，将其抵消掉几乎不可能。目前要和“一带一路”沿线国家协商好，促进我国过剩产能的外移。当然这个过程比较困难，无法迅速实现。就像“东盟+韩国+日本”的贸易自由化，亚太自由贸易区自由化，这些计划都可以推动，但远水不解近渴，我国的贸易挑战依然严峻。

表 2-2　中国出口产品分布情况

	（年度 2016）	中国向美国的出口（10 亿美元）	中国的总出口（10 亿美元）	占所有向美国出口额的百分比	此项目美国在所有出口所占比重
	总出口	389.1	2136.6	100%	18.2%
1	机器，电子产品，零部件	172.9	905.8	44.4%	19.1%
2	玩具，旅游设备	46.3	151.3	11.9%	30.6%
3	纺织品和服装	42.4	257.3	10.9%	16.5%
4	钢铁，铝，铜	20.3	159.2	5.2%	12.7%
5	车辆、船只和飞行器	16.9	93.6	4.3%	18.0%
6	塑料和橡胶制品	16.7	84.0	4.3%	19.9%
7	鞋，帽，雨伞	16.0	61.3	4.1%	26.1%
8	化学产品	11.9	100.6	3.1%	11.8%

（续表）

	（年度 2016）	中国向美国的出口（10 亿美元）	中国的总出口（10 亿美元）	占所有向美国出口额的百分比	此项目美国在所有出口所占比重
9	眼镜，医疗，钟表，器械	11.0	75.6	2.8%	14.5%
10	玻璃，陶瓷，矿物质	7.0	48.2	1.8%	14.4%
11	皮革，笼子，针线	6.6	32.7	1.7%	20.3%
12	木制产品，木炭	4.1	15.2	1.1%	27.1%
13	纸、纸板和废弃纸张	3.9	22.5	1.0%	17.3%
14	珠宝，贵重金属，货币	3.8	22.9	1.0%	16.6%
15	食物，饮料，酒水，烟草	3.6	28.6	0.9%	12.5%
16	家畜和其他畜产品	2.0	17.6	0.5%	11.4%
17	矿物质	1.6	30.2	0.4%	5.3%
18	植物	1.6	24.5	0.4%	6.4%
19	其他	0.3	4.1	0.1%	8.2%
20	艺术品，古董，其他收藏品	0.2	0.5	0.0%	35.8%
21	武器，军火	0.1	0.1	0.0%	63.2%
22	食品，石油，油脂，蜡	0.1	0.6	0.0%	12.5%

表 2-2 主要针对中国的出口进行分析。中国出口的产品非常分散，美国想让中国对一些产品采取出口自动配额，这是无法做到的。我国出口的产品分散，不像日本当时集中于某些领域。

特朗普说中国在操纵汇率，客观上讲中国并没有操纵汇率的行为。若想给中国贴上汇率操纵国的标签，根据美国财政部的标准，须满足三个条件：首先，这个国家和美国的贸易产生巨大的贸易不平衡；其次，这个国家操纵汇率以使出口能得到扩大；最后，该国经常项目下顺差和 GDP 之比超过一定比率，2011 年首尔 G20 会议提到这个比例是 3%。以上三个条件，其中两个我国都不满足。如图 2-9 所示，从 2014 年年初开始，人民币开始贬值，外汇储备从 2014 年 7 月开始下降。2014 年 6 月，外汇储备达到最高峰值 39930 亿美元，之后开始逐渐下降。在过去的 31 个月中，有 25 个月人民币外汇储备是处于下降状态的。整体来看，外汇储备净减 9211 亿美元。这一条就不满足美国对中国的指责，所以很难把中国定义为“汇率操纵国”。

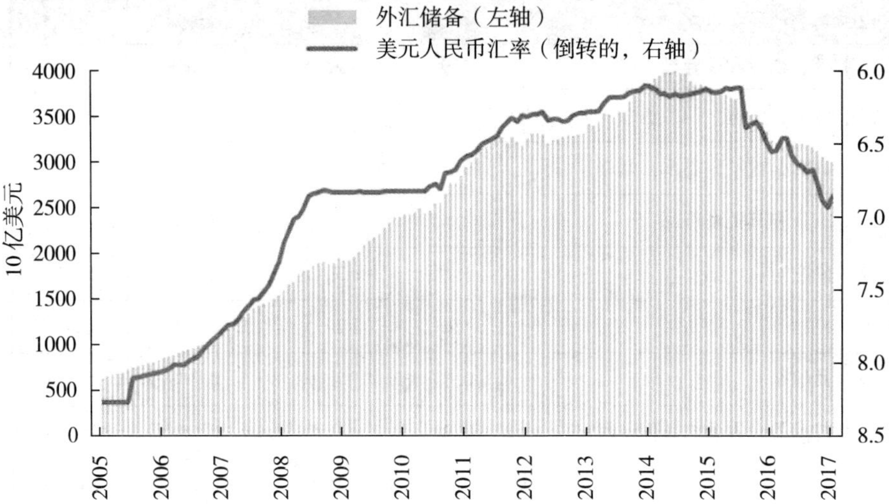

图 2-9　2016—2017 年美元与人民币汇率变化趋势

如果美国对中国的产品征收高税率的反倾销税，中国也有很多办法可以应对。比如中国可以兴起对美国在华公司的反垄断、反贪污腐败调查。中国仍然是美国国债持有国，持有量达到约 1.1 万亿美元。所以，中国现在不愿意和美国打贸易战。

四、中美之间如何达成协议

中国要和美国达成贸易协议，有可能会发生什么呢？可以采取哪些办法来对待？

首先，中国可能会和美国达成协议，尽可能增加从美国进口的产品。因为我国确实在很多方面还是存在贸易保护的情况，这些方面还是可以改变的，比如减少一些隐性的、跨部门的补贴。例如虽然煤炭价格上涨了，但发电企业价格不变，制造业企业再获得电，这里的价格相对就是不均衡的，这就是跨部门的补贴。

其次，中国得承认中美之间的贸易存在着巨大的不平衡，这个问题无法回避，双方必须在态度、政策上正视这个问题。中国要加强国内市场的开放，要尽量增加从美国的进口。现在中国从美国进口总量的确较少，中国可以从美国进口更多，关键是美国必须下调对中国出口的技术限制，从这个角度来看，这对中国是个机会。既然要中国减少贸易逆差和贸易不平衡，我们就可以提出更多的条件。

最后，中国可能需要对人民币汇率做出让步，可以承认人民币不再进行大规模贬值。当然，我的观点和余永定教授的观点不太一致，以后可以再讨论。

面对中国外汇储备净减少的情况，可以通过增强对资本账户的管制减少中国外汇流出。外汇储备要想增加，无非就是减少流出，增加流入。另外可以看到，中国一篮子货币人民币指数现在开始稳定了。最重要的是，中美之间这次的贸易不平衡的挑战和问题的解决，将会迫使中国认认真真地去看待再平衡。再平衡问题已经讨论多年了，需要认真对待，要真正解决国内内需的问题。

和日本“失去的 20 年”相比，中国还有机会继续往前走，起码还有 10 年到 20 年时间能保持 6%左右的经济增长率，这样的信心来自以下三方面：

首先，中国的工业化还没有完成。工业化完成与否，我的标准是，高端产品能否在国际市场上和任何国家竞争。中国目前还没有实现这一目标。中国的制造能力还相对较差，工业化未完成，剩下的工业化中国人能自己完成吗？这是个大问题，在此就不展开讨论了。

其次，中国的城镇化还未完全实现。日本到20世纪七八十年代，城镇化已经到80%了。目前统计的所谓的城镇居民或者常驻居民的概念，这不是城镇化的标准。真正衡量城镇化水平的标准是户口城镇化水平，我国2016年达到40.8%，距离目标还较远。

最后，地区发展不平衡。以天津、北京、上海、重庆四个省市作为平均水平，把贵州、云南、宁夏、西藏作为最低收入地区，其中的差距超过3倍。减少地区差距，是中国未来发展的重要目标。处理中美之间的关系，不要掉进更深的陷阱当中。中等收入陷阱是许多因素导致的，外部因素冲击可能是个陷阱，要处理好这一问题，中国还需要进一步增强经济实力，以求得更有利的竞争地位。

第三篇

上市公司控制权之争
与公司治理现代化

——宝万之争后留下的遗憾与法律思考

蓟门法治金融论坛第31讲

时间：2017年3月22日

地点：中国政法大学蓟门桥校区科研楼二层报告厅

主持：刘纪鹏

主讲：刘俊海，中国人民大学法学院教授

点评：金岩石、李建伟、郝一生、许身健

互动提问

主持人荐语

刘纪鹏：公司治理问题既是当前世界学术难题，也是中国上市公司的实践难题。无论是宝万之争，还是格力事件，虽然目前已有监管层的陆续回应，但由此引发的中国资本市场如何保护公众投资者尤其是中小投资者、如何依法制约大股东和内部控制人的公司治理难题，仍是中国股市投资人心中的隐疾。同时，如何扭转独立董事在公司治理体系中被喻为“花瓶”的尴尬，进一步激活被寄予厚望的独立董事制度也值得进一步关注。刘俊海教授长期以来致力于公司法与证券法研究，他倡导弘扬股权文化与契约精神，主张全面建设投资者友好型社会。多年来，他对借鉴国际经验破解我国股市长期存在的大股东减持、财富分配不公等顽疾，从公司治理角度提出了一系列有针对性的对策建议。

蓟门法治金融论坛特邀刘俊海教授和中国政法大学最受欢迎的李建伟教授与被市场称为“银嘴金牙”无人不晓的金岩石教授共同探讨，宝万风波后留下的遗憾与法律思考，寻找解决中国上市公司控制权和公司治理规范化之道。

一、控制权之争的讨论必须置于投资者友好型资本市场的宏大历史背景之中

我们要打造投资者友好型的社会，离开这个大背景讨论控制权之争，可能会降低探讨的效率，提高探讨的成本。宝万控制权之争包括当事人的竞争、争夺、角逐，也包括局外人的争鸣和争论。没有竞争就没有市场经济，因为流水不腐、户枢不蠹。经理人市场、保姆市场是必须鼓励竞争的。争鸣也是需要的，也是我们的本分，如果不争鸣，恐怕我们都难以入眠。

为什么要打造投资者友好型社会呢？我认为有以下几个原因：

1. 有助于全面建设小康社会。小康社会就是民富国强的社会，所以我反对国富民强的说法。老百姓不需要太彪悍，但是需要富裕；国家不需要很富裕，美国负债 20 万亿，美国不强吗？而老百姓富起来，可以通过积极的劳动收入和消极的财产收入。人们可以通过诚实劳动、合法经营创造阳光财富，也可以让钱去赚钱，创造财富。把第二套房出租给 80 后、90 后，而且推行绿色租金，品德好的、学习好的租金就低一点儿，有诚信，租金打个折；另外，还可以通过收取股息红利获得财富。

我认为，让资本市场发展起来，应当是邓小平同志 1992 年南方谈话的一个重要考虑。他说让一部分人先富起来，说股市可以试，试得好可以接

着开，试得不好可以关。但是，为什么老百姓对我国资本市场不满意？主要是股市的财富效应不明显。因为等年终分红召开股东大会时，很多“铁公鸡”公司赚得盆满钵满，小股东颗粒无收，大河不满小河干，股东利益服从公司利益，个人利益服从集体利益，集体利益服从国家利益。考虑到代际利益，又不能分光吃尽，得为子孙后代留点。小股东什么时候分红？是不是要等到七八十年之后？

这种现象本来是不该出现的异化现象，现在却常态化了。小股东没办法，那就追涨杀跌，如果有内部信息就有可能违法犯罪，如果没有内幕信息只能赔钱，有内幕信息照样可能赔钱，而且赔得可能更多。我查阅了证监会的行政处罚决定书，发现好几单内幕交易，几乎单单赔钱。没内幕消息赔钱，有内幕消息也赔钱，为何还利用内幕消息给自己套上法律的枷锁，硬让自己赔钱赔得更痛苦呢？所以，很多年轻的同学以后一定要注意，追求阳光财富很重要。道理很简单，上市公司不愿分红，主要的目的就是关联交易、利益输送。如果利益都分走了，大股东怎么搞关联交易？内部控制人怎么搞利益输送？当然，这只是个别现象，大部分中国上市公司都是合规合法的。

好运气虽然很重要，但好制度更为根本。制度问题是我们的股市面临的重要问题。我也经常和监管部门的朋友一起聊天，我问道：“监管者管什么？是管股价，让股价一路高歌、只涨不跌，尽快达到承诺的 3500 点或 4500 点，还是对市场的公平、公正、公开负责任，对投资者的投资信心负责任？”我认为，答案必须是后者。刚才说到的财富效应不明显，主要是归因于投资者的权利没有得到适当的尊重，包括知情权、选择权、公平交易的权利。我们股市面临的最大问题不是资金紧张，而是信心缺乏。信心来自财富效应的匮乏，财富效应又源于法治精神特别是股权文化的匮乏。

2. 有利于推进全面深化改革。改革的核心，是扭转市场不理性、市场的失灵以及政府的不理性、政府的失灵现象。过去我面试博士生时经常问:“经济法是干什么的,经济法和民法是什么关系?”学生说:“民法是管市场的,市场失灵了政府这个有形之手就出来,这就是经济之法。”行政法的同学不高兴了:“那我有形之手呢?”经济法的同学说:“你那是‘闲猪手’,闲着不动才好呢,没事找事干。”所以,在这个意义上来看,市场有时候会失灵。房价高企、泡沫是失灵的一个表现。但市场失灵了,政府肯定会失灵吗?恐怕不好得出这样的结论。政府一旦失灵,危害可能比市场还大。因为企业赔钱了,赔的是股民的钱。

地方政府如果失灵了,损失的是纳税人的钱。所以,要让资本市场真正可持续繁荣和发展,一定要扭转市场和政府的双重失灵现象。当然,有人说法院也不该失灵。从 2002 年起,法院系统陆续受理了虚假陈述引发的证券市场的民事赔偿案件,但是对于操纵市场和内幕交易的民事赔偿案件,很多地方法院心存疑虑,主要源于最高院还没出台司法解释,且《证券法》《公司法》的可诉性不强。后来我跟最高院的同志讲,得赶快出台两高的司法解释和相应的民事赔偿司法解释。最高院的同志说:“这不行啊,我们不能闭门造车,得等着基层法院的案例。”而基层法院的法官却跟我说:“我得等着司法解释之光照耀到我这儿来呀!”这就是司法解释依赖症。

《法国民法典》第 4 章讲得非常好,法官不得以法律没有规定或规定不明确为由拒绝裁判,否则以拒绝裁判罪追究之。为什么拿破仑敢这么说呢?他是很自信的人,他说:“我起草的民法这么好,怎么会有漏洞呢?”

民法和刑法不一样。刑法遵循罪行法定,无罪推定,疑罪从无。可是民法遵循的是私法自治,有了纠纷法院必须开门立案。所以,从 2015 年起,法院系统开始推行立案登记制改革。自 2002 年我就开始呼吁开门立案,凡诉必理。但是,迄今为止这个问题在资本市场还没有得到完全的解决,包括证监会稽查的证券市场违法案件,当进入民事甚至刑事程序之后,有的地方法院没有完全按照法制规则办事,主要的理由是:上市公司是当地的“摇钱树”，维护了上市公司的利益，也是对当地 GDP 和就业的保障。虽然上市公司圈来的钱也不那么正当，但不坑本地人。地方保护主义真是个臭豆腐，闻着臭，吃着却是那么香。

3. 这是全面建设法治中国实施良法善治的要求。2016 年大家对公共事业关注之后开始有焦虑感，因为每个人都有代入感，会假想：如果我是这个实践当中的主人公，我会怎么办？这种焦虑对于资本外流、非正常的跑路现象恐怕都有一定程度的影响。我认为衡量一个国家法律化程度有很多试金石，我总结为三条：

第一条，投资者的幸福指数。投资者的幸福指数很大程度上取决于国家对投资者权益保护的程度，这应当是衡量一个国家或地区法治水平的核心指标。

第二条，劳动者权益保护的程度影响着劳动者的幸福指数。比如美国一个州最近准备出台法律，说劳动者有带薪得病的权利，算下来一位劳动者一周至少有两个小时可以带薪得病，这使劳动者感受到了幸福。也有人说劳动保护法让企业丧失竞争力了。我最近获得的研究数据显示，在劳动合同法出台之前用工成本已经提高了。所以用工成本提高是不是完全归结于劳动合同法，这是个问题。但我认为善待劳动者不完全体现在提高用工成本，资产也起到很大的作用，它会激发劳动者对用人单位的向心力。比如现在很多老板（职业经理人）跳槽，特别是 IT 行业，如果不给他股权，跳槽之后他会马上成立一家竞业公司，和原来的公司抢买卖，发生竞业禁止，从而引发一些竞业方面的诉讼案件。

第三条，投资者的法律地位。现在面临一个问题：投资者算消费者吗？如果不算消费者，为什么 2010 年多德·弗兰克进行华尔街改革与消费者保护法时用了一个 consumer protection act 的概念，而且我们一行三会也用了“金融消费者”的概念？其实讨论这个问题，意义不大。资金能吃吗？钱能吃吗？虽然有人印证过，有一种钱是能吃的，但更重要的是，钱是用来消费的。《消费者权益保护法》第28条明文规定，证券、保险、银行等领域的经营者一定要向消费者履行风险揭示的义务，所以，这个问题已经解决了，就是“消费者”在中国消法语境下，包括证券、金融、保险行业的用户。所以，建设投资者友好型社会还有助于推动中国法治的车轮滚滚向前。

4. 有助于提升企业的核心竞争力。股市会给公司带来什么？有人说圈钱，股市就是大家拿，能拿不拿是傻瓜。其实还有一个：规范公司治理。我也认识很多企业家，他们有的跟我说，他的公司不会上市，因为他不想为了圈钱去上市。我说：“你可以为了完善公司治理去上市啊。”他说：“公司治理和完善上市公司监管有差异。比如家族传承，因为闭锁型公司自由度会大一些。”有人说小企业不上市可以理解，大企业还有傻到这个程度的？还真有，华为就跟我讲，坚决不上市，但并不是放弃上市，而是不适用《证券法》提供的标配的公司治理模式，另外寻找量身定制的公司治理模式。他们研究了各国的总统制度、国王制度、天皇制度，后来锁定未来董事长的权力、地位和权力行使规则是什么。经过几次探讨，我支持他们的大概设想，还是不要打造成“一言堂”的公司治理结构。甚至我说得更极端，最好董事长签署的时候一个字都不让他改，如果他做出任何改动都必须经法律部门同意。资本市场从外部会优化公司治理，提升公司的竞争力。

5. 助力现在的经济转型升级。现在经济有下行的压力，但有了“四轮驱动”，我对中国的经济发展总体上保持谨慎乐观的态度。过去是出口、政府投资，现在强化民营投资和民间消费，但强调供给侧结构性改革时，我的观点是千万不要忘记需求端。所以我给供给侧结构性改革加个定语，要推进“消费者友好型的”供给侧结构性改革。“三去一降一补”，补的短板很多。产品质量是短板，这就是为什么很多人去日本疯抢马桶盖、大铁壶和奶粉，有损我泱泱大国之形象。质量短板还不是最重要的，最重要的短板是诚信短板。我也是仲裁员，发现大部分纠纷是道德风险引发的，道德风险引发市场风险。比如前几年煤矿市场比较好，导致煤矿公司的交易产生这样的现象：交易达成后煤矿价格上涨了，股权价值也上涨了，卖家就起诉买家，说买家没有及时付款，要求解除合同，取回煤矿。为什么有张新明与吕中楼的纠纷，这就是很明显的标志。后来煤矿市场又萧条了，买主又后悔，提起诉讼仲裁告卖主，称其隐瞒债务，要求撤销合同。这就是市场风险导致的道德风险，后来表现为法律风险的典型事例。

社会要真正推进供给侧结构性改革，去产能、去库存、去杠杆。首先要去除失信企业的产能，去除假冒伪劣产品的互联网交易，在交易所挂牌的无良公司在证券公司“囤壳”的现象也要整治。要想真正推进供给侧结构性改革，一定要以消费者的满意度，投资者、股民的满意度作为衡量标准。

6. 建设诚信中国的使命要求。我个人觉得诚信短板不好弥补。最近我有一个“三升三降”的想法：第一，一定要提升失信成本，降低失信收益，确保失信成本高于失信收益，把失信收益归零甚至变成负数，是制度设计的主线。第二，要提升守信者的收益，降低守信者的成本，确保守信收益高于成本。为什么出现“劣币驱逐良币”“好人受气坏人神气”的现象呢？恐怕原因只有一个，如果你坚守底线，别的企业不坚守底线，它们盈利而你会被淘汰，因为竞争是有压力的。以共享单车为例，对于现在共享单车乱停放的问题，为什么共享单车公司不先和政府部门沟通好？我和有关部门沟通时提到，赶紧把这一问题作为创新城市管理的重要内容来考虑。但公司在处理该问题上也得承担社会责任。第三，要提高维权收益，降低维权成本，确保维权收益高于维权成本。只有这样才能终结投资者为了追回一只鸡必须杀掉一头牛的尴尬。股市上这么多的诉讼案件，有股民的坚守，也有律师们的积极参与。有人批评律师参与就是想通过炒作提高知名度，揽活儿赚发财的钱。有人认为王宝强离婚案的代理人张起淮先生就是为了营销才代理该案。我个人认为，他为了营销，提升律师的商业价值，同时从事公益事业，是私益和公益的有机结合。所以，我个人认为做好“三升三降”是必需的，虽然落实存在困难，但恐怕我们已经没有选择了。

7. 有助于提高我国资本市场的全球核心竞争力，参与全球经济治理。光参与还不够，还应当引领。引领靠资本，还是靠实物？我认为都不是，要靠制度、文化去引领全球化。我认为国际板还是要适时开通，《证券法》一定要规定国际板和证券市场的国际监管合作机制问题。中概股去纽交所、纳斯达克上市，出现造假时，美国证券交易委员会（简称 SEC）找司法部、审计部调查，要求审计部门提供审计底稿。审计部却巧妙地回避了该申请，称其非常愿意向 SEC 提供，但根据美国的相关法律，证监会、保密局不允许其提供。看起来好像政府导致了这种结果，这是错误的外力解读。但怎么让外界正确理解政府的苦衷呢？恐怕只有通过法律思维破解这个难题，还政府以清白，给公众以明白。所以，跨境监管合作机制不是可以有，而是必须有。如果疏忽了这些，谈资本市场改革会忽视很多重要的东西。

二、资本市场发展、改革与法治的理念反思与重新塑造

1. 发展和规范。我国现在的状况是重发展、轻规范。我观察了房地产市场、股票市场、旅游市场以及方兴未艾的互联网、电子商务市场，发现这些市场都不约而同地存在着先发展、后规范，重发展、轻规范或只发展、不规范的问题，其中标志化的语言是“发展中的问题通过发展去解决”。比如，一个老爷爷买房子，产权证办不了，找某个住建部门维权，住建部门将老人房产的问题归于发展混乱期的历史遗留问题，并告知此问题只能通过不断地发展进行完善。

此类事件在很多市场都有发生。例如，云南旅游的乱象，要游客交各

种费用，否则就把游客赶下车。所以，产品市场、资本市场、投资市场既有个性也有共性，共性远远大于个性。为了我们资本市场可持续发展，现在必须更弦易辙，更加强调规范、更加强调法律的作用，这就是刘士余主席的讲话，在民间得到赞同的原因，话糙理不糙，主要讲的就是规范问题。所以，我认为，规范和发展并重，更加注重规范，这是没法回避的事情。很多人搞内幕交易，操纵市场，出了事儿就要找领导协调，即使与领导之间有私人关系，但在规范面前领导恐怕不会突破法律的底线。

2. 效率和公平。过去我们长期认为，效率优先，兼顾公平，初次分配强调效率，二次分配强调公平。所以，2003 年开始我在文章中表明传统发展观可能值得讨论。其实孟子早就说了“国不以利为利，以义为利”，理由就是义能生利，利能促义，也就是公平培育效率，效率呈现公平，没有公平就没有可持续的效率，而且效率是双边效率。融资方有效率了，能迅速圈到钱，但投资者的效率如何体现？因此完全讲效率的价值不太可行，应当义利并举。

3. 创新和诚信。以金融监管部门为首的很多部门都要求相关的产业企业推出创新计划，但没有一个领导提到诚信计划或诚信增值计划，或者要求部门上报诚信计划的。所以，我们现在面临很多难题，且越积累越多，这与我们的发展理念有关系——重创新、轻诚信。但忽视诚信，会逐渐走向一条欺诈乃至诈骗的不归之路了。金融行业有很多私募投资管理有限公司，都打着很大的牌子，有的是汇金公司、中投，但它不敢直接用，而使用中投金汇，工商局不敢注册，这些公司后来跑到基金业协会洪会长那里申请注册。洪会长问我是否可行，我说：“不给它注册，并且要出台行业规矩。”但基金业协会认为我的观点没有法律依据，我说：“基金业协会不是行政机关，不受这条约束。”

要把公权力关进法制的牢笼里，需要秉承一条原则——法无授权不可为。这一原则基于代理关系产生：人民群众作为被代理人通过授权、立法程序把权力交给政府，被授予的权力归政府代为行使，没有被授予的权力还在人民群众手中。但行业协会不是政府，这也是我反对行业协会、商会官本位化、行政化的原因。如果将行业协会定义为行政机关，那么相关的行政案件必败无疑。如果某单位称其是证监会授权的，属于行政机关，那么其只能按照行业协会的道路去走，这是自律规则所决定的，会员们都同意的。自律规则融合商业伦理的内容，而且经过了决策机构的批准，当然具有正当性、合法性，法院可以据以裁判纠纷，断是否、明善恶。但非要称自己具有行政机关的属性，那么事情就没这么简单了。一开始很多协会称自己是正处级，我对它们说："公权力很重要，但不在其位的时候会意识到它不如公信力更重要、更有价值。"

4. 快捷和安全。过去我们很注重快捷，赚快钱、赚大钱、快速致富，安全被忽略了，包括金融的安全、消费者的安全、隐私权的安全。现在我最担心的是大数据所引发的安全问题如何解决。大数据从哪儿找呢？都是在座的每个人的手机号码、身份证信息、家庭住址、工作单位和爱人信息，还有消费偏好，每天上网时看的关键词、打车时的路线图、下班以后经常去的地方。所以，我个人觉得，对于老百姓而言，大数据不可能脱离隐私信息而存在，所以一定要强调券商、保险公司、银行对于金融消费投资者隐私权的尊重，一定要坚持合理、合法、必要、正当、知情且保密的基本原则去采集信息，使用信息。

去年我在银行办取款业务时，银行的工作人员问我："先生，你手机没有开通短信吧？"我说："没有，开通吧！"结果被告知须一个月缴纳 2 块钱。我问道："不交 2 块钱的方法有吗？"他说："有，你下载我的 App，这样我们免费给你发信息。"为了办理这个免费的短信提醒业务，我填了大概一个小时的表，内容很琐碎，我需要反复查找信息并输入进去，包括很多像出生年月这样的基本信息。最后我还是知难而退了，因为有的信息我自己都无法确认真实性、准确性，还得问家里人的出生年月，爱人、孩子甚至老人的信息。后来我想，一个银行提供免费短信服务有必要了解那么多个人信息吗？它只不过就是为了以后的精准营销。但银行通过大数据精准营销并在海外顺利地估值圈钱，消费者受到的损害却无人弥补。有的公司通过金钱赔偿，例如携程网把信用卡信息、密码信息、身份证号码等个人隐私信息泄露后，每个人赔了500元，看似非常慷慨，可实际上个人信息的泄露恐怕不是钱能解决的问题。

5. 自由和正义。契约自由已经在人们之间形成共识了，但契约正义还没有完全达成共识，特别是对于金融产业和其他产业的霸王条款。我认为应当坚持三条：一是契约自由；二是契约正义；三是认赌服输。笼统地谈契约精神说不明白，我举例说明：最早北京市工商局批评酒店业设立开瓶费和最低包间费是霸王条款，我是支持北京市工商局的观点的。有人不理解我的观点，认为饭店是个竞争性产业，不应当有公权力的介入。我说："《消费者权益保护法》规定消费者有知情权，虽然饭店收取费用是消费者已知情的，但是知情权代替不了选择权，消费者没有选择的余地。"我在《法制日报》2014年11月15日刊上写了一篇文章《我们需要什么样的契约精神》，就阐述了这三条观点。所以，资本市场能不能除了契约精神之外，再从人文关怀的角度讲点契约正义？再加上严守，可能效果会更好。

6. 共性和个性。我认为，核心是反对白马黑马论。现在我们引进了很多国际的制度，公司法、证券法都是舶来品，但还存在着有形无实的问题。美国的独立董事制度、德国的监事会制度，我们都移植过来了，最后还解决不了"大老虎"。等中纪委"打虎队"入驻，不到一个礼拜，"老虎"马上现身。有一家企业委托我做关于监事会制度的课题，说："刘老师你先回答我一个难题，我琢磨了好久也没有答案。为什么独立董事和监事会主席没发挥作用呢？为什么纪检委马上就能发现呢？"我回答道："照你的意思，我们应该修改公司法、证券法，除了党委设置以外，再设一个纪检委负责监督?”我们国家该有的制度都有了，外国没有的制度咱也有了，但是哪一个是既有其名也有其神的?

德国监事会是双层制度的精华，上面是股东会，下面是监事会，监事会产生董事会，所以监事会、董事会有四大功能：一是董事任免权，二是董事报酬决定权，三是重大决策权，四是监督权。日本人借鉴德国监事会制度时把前三条给“阉割”掉了，我国又把日本的做法借鉴过来了。所以，监事会成了“太监会”，有问题也监督不了。所以，如何忠诚一致恐怕是我们立法和监管面临的很大问题。

另外，关于金融业分业经营和分业监管，我的学术观点也非常直白，最好将来打造综合性的金融监管机构，建立“央行+国家金融监管总局”的模式，这样就能消除金融监管套利、监管真空地带以及监管盲区。虽然近期内无法全面落实，但至少要有统一的监管理念、统一的监管尺度以及统一的监管裁判标准，这是最重要的。

7. 虚与实的关系。纪鹏兄和我有一个共同的感受，觉得很长一段时间以来股市不是国民经济的晴雨表。有的时候 GDP 达到百分之十几，股市也没达到这个程度；GDP 困难的时候股市反而挺好。所以学生问我，美国人说股市是国民经济晴雨表，为什么中国不是这样呢?就是因为涉及资本市场的定位、市场的透明度、制度的预期率以及投资信心等一连串的问题。

三、股权文化内涵

1. 股东股权思想。林肯说，民有民治民享。我的说法，The power of the governance should be all the shareholders, for the shareholders, by the shareholders。因为资本是财富之母，劳动是财富之父，消费是财富之源。

2. 股东的民主。关键是公司的决策要遵循“程序严谨，内容合法”的八字方针。

3. 股东的平等。对于现在很多网络词汇，我感到很困惑，不知道这些词是什么意思。比如说××公司为什么是这么个结局，因为这个公司姓赵。我说鲁迅讲赵家他不姓赵，是另外一个姓啊。我后来才明白这个姓是怎么回事。通过这个现象，我想讲一个道理：如果资本市场要有公信力的话，恐怕必须有“平等保护”这四个大字，不管是国企还是民企，大企业还是小企业，机构投资人还是散户投资人都应当一视同仁，不应该有所歧视。实际上我是反对“国进民退”或者“民进国退”任何一种说法的，因为无论是“国进民退”还是“民进国退”都是市场的选择，不是政策预设的结果。山西前几年整合煤矿，刚开始赚钱，后来又赔钱了，整合对了吗？倒不如不整合这些私营小煤矿，还能避免矿产的金融资产贬值。有些国有竞争性行业未必都有存在的价值，让市场淘汰它。比如华润从事的很多行业，像房地产、超市、怡宝矿泉水、双鹤药业基本都是竞争性产业了。所以，我是觉得“国进民退”或“民进国退”是市场选择，不是立法者、监管者和政策制定者的预设。

4. 关怀弱者，也就是实质平等。大家都知道平等，但人生下来真的平等吗？现实是这样的，对弱者适度倾斜，恢复人们之间真正的平等地位，我认为这个倾斜原则和平等原则不矛盾，是对平等原则的巩固、继承、发展和捍卫。

5. 股东诚信。诚信有价，包括诚信从正面看是创造价值，从反面看失信要付出代价。

6. 多赢共享，反对单一独享，也反对多输无赢。其实很多时候，人们的遗憾恰好在这里，损人不利己，甚至损人害己，我说何苦来呢？有的时候我也思考，股民怎么变成了弱势群体？应该是有钱人呀。有一次我问一个人：“你告诉我，怎样成为百万富翁的呀？”那人回答道：“炒股。”我说：“原来 1 元炒成 100 元？”“切，我原来做买卖赚了 1000 万元，后来一炒股就变成百万富翁了。”

四、公众投资者缘何沦为弱势群体

1. 信息不对称。大家都明白，信息多就是强者。大家都愿意获得一手内部信息，这里面有法律问题，在厕所里边听到内部信息，按照这个信息买股票算不算违法？还有现在一些富人心理状态不太好，找心理医生诉苦，而医生悄悄地录下来了。这算什么？这个问题回答起来其实并不复杂。

2. 财力不对等。股民有个特点，总体很有钱，但是看个体、看微观财富弱小。在这种情况下就产生了强弱的落差。

3. 诉讼成本外部化转嫁能力的落差。我在研究雇员和雇主打官司，小股东和上市公司打官司，消费者和商家打官司时，发现一个共同的特点：法人化的企业可以聘用一流的律师，所需费用计入成本，税前列支，让全国人民给它买单，对抗消费者。但个体的劳动者、消费者、中小股民束手无策，请律师没地方报销，最终诉讼成本也转嫁不出去。

4. 单方先行向经营者转移财富的被动性及负面效应。我注意到一个规律，当我买东西的时候，服务员都很客气，但要退货时他们马上就变脸，再也不是满面春风了。我很纳闷，后来才明白，给商家的是真金白银，但商家提供的商品，允诺的服务却往往没有落实，只有先付款它才给你提供商品。买的投资品也是这样，给它 100 万元，一年之后，跌了 20%，他早就去加勒比海的一个小国钓鱼去了。

5. 市场结构的不均衡。我理想中的市场经济是自由、公平竞争的，企业之间公平竞争，不互相诋毁、诽谤，靠商品、服务、质量、信誉取胜，消费者和每一个商家都能自由博弈、平等谈判。但现实恐怕并非这样。2016 年深圳消委会批评了深圳一些证券公司的霸王条款，对此证券业协会也做了回应，说接受深圳消委会的意见和建议，并做了修改。2017 年又重新检查了一次，对此我做了一个评价：大部分公司做得不错，但还有一些条款的设计不太合理，包括任何停电导致的个别损失，证券公司均不承担责任。虽然不可抗力可以免责，但由于管理过错导致停电或数据丢失进而影响交易，属于内部管理的漏洞，证券公司应当对其过错买单。市场结构的不均衡是我们面对的现实，很难彻底改变。

6. “搭便车”的维权心理。现在很多股民有损失也就看看热闹，真正维权的并不多。倒是上海的中证中小投资者服务中心开始活跃起来，但也遇到难处了。原因在于对这个服务中心的权威性产生质疑，当被问到“中”字头的服务中心怎么在上海注册，而不在首都北京时，它在人们心中的权威性就大打折扣。因为不是公权力机关，人家对这个服务中心的反馈都置之不理，称其简直是“依法碰瓷”的企业。后来我也给中证投服务中心鼓气，法人化的维权机构，投资者的娘家人都受到这样的白眼，单个股民能没有“搭便车”的心理吗？

再举一个大家都经历过的例子，有些人反映小区物业管理不太好，保安对外界人员不加控制，保洁工作差，因此想换掉物业公司，便建了个业主群。这时，物业马上拎着月饼登门拜访，但 3 月份怎么会有月饼？都是去年剩的。物业借此是要跟你讨论把他们换掉的问题。这时，物业会说：“我们一定改进服务，更重要的，我们给你免半年的物业费。”有人一听这个，肯定就不开业主大会了。还有一户一定要开会，第二天上车发现，他的前轮扎了一个洞，这是谁干的？怀疑是物业，但没证据。担心第二天轮子又被扎，马上买月饼送给物业部经理，并赔罪说：“不是我主动召集业主委员会换人的，真不是我呀。”物业说：“没说是你呀，免你俩月物业费吧！”鉴于该业主主动自首，态度不错，物业就通过这种手段平息了该事件。

7. 高度集中的股权结构。股权结构和控制权相关联，我个人觉得股权的高度集中和一股独大本身不一定是罪过。善用得法的就成为天使，滥用制敌便是魔鬼。当大股东不能慎重自律时，进行了不公允交易。当然，我并不是特别欣赏股权高度分散化的结构。山中无老虎，猴子称大王，这猴子也不好惹。

8. 难以慎独自律的控制权人（控制股东、实际控制人和董监高）。所以，我建议要搞个投资者友好型的协同共治体系：①投资者友好型社会的立法体系。现在《证券法》正在紧锣密鼓修订之中，我建议同步启动《公司法》的修改，因为控制权争夺当中，很多的反收购条款《公司法》里没有，《证券法》又不适合规定。《证券法》适合规定信息披露、行政监管、行政处罚，但不适合规定《公司法》层面的公司治理问题，中小企业、微企业的治理更不应该由《证券法》规定。②《证券法》能不能引进惩罚赔偿制度？就像《消费者权益保护法》55 条所说的 1+3 倍的惩罚性赔偿，《食品安全法》1+10 倍的惩罚性赔偿一样。还要有“起步价”，《消费者权益保护法》规定惩罚性赔偿的最低金额是 500 元，《食品安全法》规定是 1000 元，证券市场能不能来个欺诈行为的起步价 1 万元，也来个 1+10 倍的惩罚性赔偿？搞内幕交易、操纵市场、虚假陈述的人要承担退还资金并另付 10 倍赔偿金的法律责任，这样我个人觉得能把这些坏人给吓死了。

所以，好制度和坏制度巨大的区别是：好人进去，坏人出来，这肯定是坏制度；坏人进去，好人出来，必然是好制度。另外，公益诉讼应当引到资本市场，举证责任倒置范围也要进一步扩大。

五、投资者（股东）友好型资本市场协同共治体系

1. 需要建立投资者友好型的公司治理体系。如果达到慎独自律的境界，很多政府部门可以减员、裁员，做不到只能增加编制，加大监管资源。失信行为如果得不到遏制，只能进一步增加编制，但并不是我所期望的结果。行业自律体系的建立应当提到行政监管前面。

2. 建立投资者友好型的公司治理体系，需要行业协会的作为。企业要慎独自律，若做不到，行业协会就应清除潜规则、害群之马。一些行业协会办得很好，也有一些政府部门下面的行业协会过去办得不太好，甚至还

有山寨协会，拉着一些领导干部占山为王、落草为寇。自律就是最好的自我保护。我认为，行业协会应当比政府有所担当的地方在于它更了解这个行业。而且，自律规则除了有法律准则，还有市场的行业伦理，是行政监管无论如何都难以比拟的地方。

3. 建立投资者友好型的行业自律体系，包括自律监管权+去官本位化。政府行政权还给社会，包括还给交易所，还给几个行业协会，如上市公司协会、证券业协会、基金业协会、期货业协会等。如果行业协会接不下来，政府又简政放权，恐怕唯一的结果就是秩序的混乱。现在很多人问我，很多在工商局拿到营业执照的投资企业，有些是合伙企业，都说自己是什么基金、投资管理有限公司，但没到证券基金业协会登记、备案，如果出了问题，按照“谁家的孩子谁抱走”的理念，这算证监会管的事儿还是工商局管的事儿？证监会说没在我们协会备案，证监会也没有发行政许可证；工商局说，法律法规规定应当取得行政许可证，它没取得是它的事儿。所以，我个人认为，消除这种监管的真空地带，自律机构大有作为，端口前移。

4. 完善行政监管体系，进行监管转型。市场失灵，政府不失灵，关键是6个字——放权、赋权、维权。放权就是下放行政许可权，过去很多部门管市场就是靠行政审批，这很简单，规定好的就盖章。赋权，让监管者有更多的监管权，特别是事后监管。维权，监管者要做广大股民的保护神和保命官，不屑于做某些企业不诚信的私人家丁。

5. 建立投资者友好型的司法救济和ADR体系①。我一直觉得应该有“金字塔”概念，大量的股民和券商、股民和上市公司的纠纷应通过友好协商解决。协商不成，由民间调节组织，包括投保公司以及深圳证券期货

---

① ADR（Alternative Dispute Resolution），意为“解决争议的替代方式”，或“非诉讼纠纷解决程序”，近年来国际上兴起的在司法程序内迅速解决纠纷的一种新的方法和手段。

调节中心，还有行政调节，投保局、证监局，再不行用仲裁条款去仲裁，一锤定音，省时省钱省心。最后无法调节，无法协商，也没有注册条款的去法院，法院端坐在“金字塔”之上，但解决的应当占很小的比例。当然，法院要改革，我们都寄予厚望，但我认为除了司法腐败以外，还有司法专横的问题，这是和司法腐败并行的概念。在这个问题上，可以通过“说好理”来解决，要做到理好说，说好理，好说理。真正做到每一个案子都能明之以法、晓之以理、动之以情、诱之以利。

有时候我讲一流法官用法理裁判、二流法官用法条裁判、三流法官既不用法条也不用法理，我个人觉得法院薪酬制度要改革，鼓励法官办好案。所以，我主张给公务员基础工资，再加一些累进稿费，从“本院认为”部分统计，原告诉声、被告辩声，这都不是他的知识产权成果，一分稿费都不给。从“本院认为”部分，一直到判效时间，1000 字以内发 200 元，1000 字到 2000 字的给到 500 元，2000 字以上的给 600 元，这样一年写判决书就能写出个百万富翁来，法官当然可以有经济地位，没有经济地位怎么奢谈政治地位？这点上，除了社会的包容，法官羽毛的自我呵护恐怕更重要。我一直觉得裁判好案件，态度决定一切，专业水准不一定很高。真要裁判一个好案子，反复研究借鉴其他案子，请教同行业专家学者。

6. 建立投资者友好型的社会监督体系。老媒体现在面临很大的挑战，新媒体也有挑战，今天我在《检察日报》还点评了北京某区法院的一个判决，一个叫“寿爷”的人写文章，发微信公众号，里面有一些不雅的内容，田馥君女士怒发冲冠，一纸诉状把微信公众号注册人王女士推向了法院的被告席，经过审理，法院判决侵权构成，被告人要连续 15 天在主要的媒体上赔礼道歉。所以，我就讲新媒体是好事儿，每个人都是总编辑、社长、台长，每个人都是一线记者，而且没有新闻审查制度，报选自己批准，马上操作。这里说老实话，风险其实挺大的，过去有的人喜欢发微博、发微信，把董事会开会的情况在微博、微信上发一通，这肯定是好心，提高公众号秩序平台。但有个问题，有些涉及商业秘密信息，是底线，不能说的，让竞争者看到是非常不利的。

发布的信息是不是真实准确的，我们还必须有董秘制度，他统一地起草相关的文稿，提交交易所进行审核，没什么大毛病才能发布。所以，独董要自我保护，写微博、写微信真要注意，如果不经意地用了不雅的词，恐怕人家又得让您连续15天赔礼道歉了。所以，新媒体被寄予厚望，也需要注意。

老媒体也很重要，但老媒体新闻监督和广告业务两者之间如何做好防火墙恐怕更重要。现在传统媒体广告收入很难，我也知道，但还是要坚持社会监督的底线，因为媒体是社会的啄木鸟，股民维权的开路先锋，监管者的得力助手，决策者的顺风耳、千里眼，所以还要坚持。

7. 建立投资者维权教育支持体系。这是娘家人，现在有了投保公司、中证投服务中心，陆陆续续还会有一些机构诞生，我觉得是好事儿，中国消费者协会从《消费者权益保护法》第28条规定的职责使命来看，也应当把投资人权益保护通过投资指导、投资风险警示、投资纠纷的调节、投资纠纷的支持制度乃至于公益诉讼这种途径解决。

我20年前有一个梦想，1995年博士论文提到组建中国投资者协会，现在过去20年了还是没有成立，寄希望于各位吧。

8. 建立独立的学术评价体系。监管部门对投资者保护得好不好，交易所对投资者保护得好不好，上市公司是不是笑对股民，恐怕离不开第三方的独立评价。自我评价，自吹自擂、自弹自唱的恐怕公信力弱一些。学者应当有担当，关键是要做有机的学术机构，不要做转基因的评价机构。

六、关于公司治理体系

我认为梦想还是比较丰满的，现实还是骨感的。梦想还是应该有，它确实有好处，一是提升股东福祉；二是担当社会道义；三是促进公司基业常青；四是能预防政府失灵，因为慎独自律，政府不干预了，所以也没有政府失灵的后果；五是防范金融风险，诸多的好处。但最大的短板就在于，实践中的公司治理有失灵现象。我看前几天保监会的副主席提到了，金融机构治理的“失效”，我说的是“失灵”，意思都差不多。

公司治理问题有哪些？

股权过度分散下的美国也有公司治理问题，可以总结为外部人（Outsiders）、审计委员会（Audit Committee）、注册会计师（CPA），加上一个贪婪自大的肥猫 CEO。上个月扎克伯格收到一封信，信上说赶紧辞掉你董事会主席的职务吧，做 CEO 就够了，1300 个投资人签署了他们的名字，让他好自为之，这是美国公司的现状。

再看国内，控制权人、实际控制人、内部控制人的任性、不理性都会引发问题，而究竟谁是一把手，这个话题还不好回避。我研究《公司法》，那么公司治理究竟有没有一把手？最大的宏观决策权给了股东会，微观的决策权给了总经理，中观的决策权给了董事会，监督权给了监事会、独立董事，还说谁谁是一把手，恐怕这个事儿就说不圆了。反正我从来没说过公司有什么“一把手”。

我个人认为恐怕不单是制度性解释，还源于历史、源于文化，以及源于市场结构，不管怎么样公司治理问题都归结为一条——控制权是否失灵。公司治理就是三大问题，一是股东和高管之间的代理关系，二是大小股东之间的代理关系，三是公司内部人和外部人之间的纠纷，是战略问题，也是控制权问题。当然，控制权的主体肯定归属于股东，但实践中并不是这样，实际上是“谁拿钥匙谁当家谁做主”。反客为主，成为一种常态，但却是不正常的常态，显现出来的就是公司集团内部的问题。

经常会有人跟我说，在子公司里担任董事长难受，本来是大股东派来的，若决策损害子公司利益，子公司的小股东会去告你，能让他们去告大股东吗？当然不行，只能告你，你先承担责任、被谴责，被纳入证监会的市场禁入名单，然后再找你的母公司获得失赔安慰吧。这叫一仆两主的困惑，伺候一个主人好办，他喜欢吃荤的做荤的，吃素的做素的；两个主人，一个喜欢荤的，一个喜欢素的，都在一个锅里头吃，还不能搞鸳鸯火锅，这事儿怎么弄？抓阄吗？有人不认抓阄的规则啊，这个是董监高（董事、监事、高级管理人员）和董事之间的第一难题，其实每家公司都存在这个问题。

大小股东之间，控制股东和非控制股东之间，多数派股东和少数派股东之间有竞争，有角逐。但是我认为，控制股东实际是种事实上的代理人，尽管没有代理协议，也没有聘任协议。

内部人与外部人，《民法总则》延伸的民事主体，把胎儿受赠、继承的权利都纳入进去了，胎儿将来继承股权、继承股票、继承基金，这是新研究课题。股民的队伍更壮大了，加上二胎，这是好事儿，但它有的时候是外部人，并不参与公司治理的程序。

关于公司良治的标准：

1. 透明度。阳光是最好的防腐剂，灯泡是最有效的警察。

2. 尊重知情权。我在想个问题，中介机构是谁的受托人，是谁的代理人，它们对谁负责任。实践中是有奶（钱）便是娘，公司发行人出钱给中介机构，中介机构往往要效忠于委托人，因为人家付钱了。其实，我个人认为真正的受益人、被代理人应当是股民，中介机构报告最终端的用户。所以，我认为，下一步调整付酬的程序，这事儿就解决了。我建议把这份钱交给上市公司协会，交给姚会长，顶多加个会计师协会，共同参与，协会来选择会计师事务所做审计机构，马上这个上市公司和中介机构的链条就切断了。如果认为上市公司是委托人、受益人，这事儿就没法操作。所以，我个人认为，有的时候理念决定出路。股东主权的思想，前面说过了，不是说在口头上，是落实到行动上。

3. 契约精神。也是三句话，契约自由、契约公平、契约严守。西晋有个卖田卖地的地契，政法大学教授李显冬送我一幅字画，他把地契里最后一句话裱了下来，“民有私约容律令”，西方严守契约的思想还早一些，但中国不缺乏契约精神的土壤。

4. 民主治理。程序有价值。有时候我跟公司的老总讲，董事会多开点好，多开点有意义的会。开会有三大好处，一是决策更精准，互相讨论，主意就出来了。二是可以消除误解，增进团结，很多班子里的人未必都进得了一个圈子，进圈子互通消息最重要。我个人认为与人交恶，主要是由于信息不对称，不开会、不交流、不沟通，疙瘩越来越大，最后成肿瘤了，成晚期了。三是有助于提高未来的执行力，因为内部董事都参与了，内部董事在经营当中遇到质疑会解释。有些决策，只有老板一个人知道，不让别人知道，执行力必然打折扣。

5. 抑强扶弱。要对控制权有必要的制衡。

6. 企业家精神。诚信、创新、厚德、包容。

7. 多赢共享。要有社会责任担当的精神。国资委去年委托我做公司社会责任立法的课题，写了两份报告，一是企业促进法的建议稿，包括立法理由；二是企业社会责任信息披露的管理办法，希望把社会责任立法，尽早提上议事日程。

七、控制权的善恶评价

控制权我也说了，它不是天上掉下来的，是源于股东投资的事实，源于股东主权不言自明的自然法理念。江老师在“3・15”座谈《民法总则》时讨论，人的人格尊严究竟是法定的权利还是与生俱来的权利，应该是与生俱来的。法律没规定就没有人格尊严吗？所以，我认为控制权源于股东资格，人有主权，投资有股权，法律没规定的正当权利和利益，也该受到伦理、法律的敬畏。所以，我认为很多权利的自由未必在宪法法律上像清单一样列出来，没列出来的权利也都在自己手里，自由也在自己兜里装着。所以，控制权交易本身具有正当性。

1999 年，《中共中央关于国企改革和发展若干重大问题的决定》就说了，“所有者对企业拥有最终控制权”，这说明 18 年之前已经到位。我们要善用控制权之力，控制权的好处在于它是公司治理的压舱石，谁都不愿意把公司弄成权力争斗场，它是财富的创造中心，是股民财富的分享中心。一家公司的可持续发展和控制权稳定有一定关系。

所以，控制权完全可以做成一件好事儿，但是控制权之弊也不能忽视。有的时候，贪婪者一旦攫取了控制权，私用、滥用就在所难免。这个问题，大股东包括国有股东、民营股东都存在。最近，我在琢磨一个问题，国资委对于央企集团工资总额的控制，我观察得比较细致，关注的有正当性合同，所谓正当性就是防止腐败，但真正通过公司搞腐败的是有，但更多的真不是从公司搞腐败的。工资看上去降下来了，别的成本加大、道德风险成本增加，更可怕。

我观察几个民营企业，依然保持控制权，上海新梅有个小股东通过举牌掌握控制权，但没信息披露，这是个毛病。上海新梅的大股东不干了，一纸诉状把新的搅局者推向法院最高级，说你何德何能，要攫取控制权？

2016 年 7 月 4 日，上海一中院做出判决，说他没有履行信披义务，固然应受行政处罚，但并不意味着他的民事权利也没了，而且有一番论述说，就是投资者为了控制自己的投资风险，必然要有相应的表决权，达到一定比例客观会形成一定控制力。那不就是控制权嘛。所以，我个人认为，控制权有的时候可以兴利，也可以兴弊。

凡是××系的老总，掌握控制权的 2 次方或者 3 次方，甚至 N 次方，母公司控制子公司、子公司控制孙公司、孙公司控制孙孙公司一大串，而且很多是通过隐名控制的形式。有人问我，他用了很多人替他卖股权，是不是他代持股权无效，谁持了股权就归谁了？归他秘书，归他司机，归一大串下面的小兄弟。

我说这涉及两个问题，一个是内部关系、一个是外部关系；一个是民事关系，一个是公法关系，区分了就好解决了。在内部关系当中，需要看的是两样，一是投资事实，谁投资的；二是有没有股权代持的协议，包括行权的事实，实际形成控制权了，你是隐名股东，有纠纷时，你的秘书、司机假戏真做，要把老板给踢出去的时候，老板拿出证据，你的隐名公司就保住了，但有人说你还应该去工商局登记。

所以，为什么民营股东假戏真做呢？问题就出在这儿了。控制权容易让人犯错误。实际控制人和假戏真做的名誉股东之间有时会发生股权代持纠纷，这在资本市场也是一种风险。我说要长修控制权之德，勿忘控制权的使命，一是增进自律，二是促进公益，把两个利益的公约数最大化，而不是寻求两个双输的方案。我一直认为，妥协是人生最大的方案，只有妥协才有多赢，只有让步才有进步，只有登高才能望远，只有舍小才能得大，水低为海，人低为王。所以，控制权的使命第一是把蛋糕做大，第二是把蛋糕分配得更加公平。

控制权虽然叫权，但它真不是 right，不是私权、不是民事权利，一定意义上更像 power，这里有义务责任。假如你持有 51%的股权，为什么百分之百的决策都由你来做呢？你为什么支配其余 49%财富。所以，控制权的荷尔蒙需要适度、合理地抑制。

那么，如何合理抑制控制权？1. 道德教化；2. 诚信义务；3. 责任约束，对公司及股东，和对第三人的赔偿责任的认定；4. 问责机制要打通。

股东代表诉讼，让小股东在公司大股东甚至董事长不能告自己的时候，挺身而出，替天行道。我个人认为，对上市公司来说，激活股东代表诉讼非常重要。现在股东代表诉讼被滥用，举个例子，我不是让大家学坏，只是让大家知道坏人有这么干的，害人之心不可有，防人之心不可无。有小股东找到监事长说要告××董事长，告大股东，这位监事长说：“好，我正有此意，有证据吗？”“有。”“赶紧给我。”证据给他了，第二天真去告了，但最重要的证据不拿出来，一审当然败诉了。小股东说怎么办呢？监事长说：“哎呀，我也不知道司法环境不好啊。”“那咱上诉。”“当然上诉！”上诉的时候，在法庭质证和辩论阶段又有意无意地败下阵来，因为监事长和大股东、董事长之间是有默契的。

又有人问我，有没有股东代表申诉呢？一审、二审不是当事人，再审的时候是不是立案呢？我个人认为，当然可以监督，甚至可以提起股东代表诉讼，把这个董事长、监事长一勺儿烩了。其中包括滥用股东代表诉讼之问题，故意损害公司的利益。

这里我想说两个风险，一是滥用控制权损害小股东的风险，损害公司利益的风险；二是损害公司债权人的风险。最近这几年我意识到央企、地方国企、民企走出去的时候，本来是子公司和外国企业签约的，但母公司频频受到诉状，当了被告，因为人家主张要揭开控制权股东的面纱，让母公司承担连带责任，《公司法》写得非常明白。

前几年，美国某一个区的法院让我出具专家意见，就说××企业是不是处于被揭公司面纱的程度，中国的揭公司面纱制度是怎么规定的？我说都写着呢，对方说不明白。揭公司面纱，就两条：一是股东混乱，机构、人员、资产、财务股东混乱；二是股权资本显著不足，不是拿正确的资本做标杆，而是拿产业性质，潜在的风险综合判断，已经为控制权在《公司法》上设定边界了，有忠诚的义务，有勤勉的义务，不得侵占上市公司资产。如果一个控制股东是妖精，侵占上市公司有专门的刑法罪名伺候，即《公司法》条款和《侵权责任法》条款，所以不怕他做妖精。

但是，大股东并不一定总是欺负人的人，有时候也被欺负，特别是小股东当了总经理，撇开了大股东派来的董事长，大股东也成了弱者。

控制权的表现形态非常多，一是控股股东地位，二是在董事会里的多数席位，三是法定代表人的代表权。原来我不认为法定代表人很重要，后来我意识到，外部人理解不了法定代表人的极端重要性。比如中国政法大学冬天“来了一把火”，法定代表人按照现在的法律法规就会被严重问责，不是法定代表人的校领导就好一些。我就不明白，为什么责任没有落到法定代表人身上呢？说人家是一把手，我说这是两回事，法定代表人是法定代表人，决策者是决策者，怎么成一回事了呢？所以，现在很多制度包括商法制度，对非营利法人的监管制度，对法定代表人的很多误解，在立法当中也还是有，我们不熟悉法定代表人是谁。正因为都不了解，所以法定代表人有的时候，签合同不需要别人对他授权。这里就涉及公司章程对于法定代表人法律约束的限制，能不能对抗第三人。当然不能对抗第三人，《民法总则》也是这么说的。问题在于，如果章程公示了呢？你还是善意的第三人吗？恐怕就不是了。各公司就要琢磨琢磨了。

还有实权派的岗位，CEO 重要，COO 也很重要，现在还有个 CTO，最近听×公司领导跟我说，他准备把 IT 总监列为公司高管之行列，加薪，和财务总监一样。我觉得挺好，进入 IT 时代了嘛。但谁是真正的控制权人？

控制权的演变有没有规律？一开始是股东会中心主义，英美也是这样，后来进入董事会中心主义，我看现在不仅是董事会中心主义，已经进入经理层中心主义，我看下一步要进入秘书中心主义。我的判断，未来修改《公司法》恐怕还得维持股东会中心主义的主流基调，包括增减资的权力归股东会，不是归董事会；修改章程的权力归股东会，分红的权力归股东会，不是归董事会。有三个理由：一是股东主权思想需要启蒙；二是国有大股东不愿意放弃大股东地位；三是民营企业大股东也不愿意放弃控股权，既然大家都不愿意，我看就维持现状吧，但要衔接好董事会和股东会之间的权力和关系。

母子公司之间的控制权。我认为，经济上、形式上要独立，法律上要独立，要控制有道，我认为善于用子公司的治理平台才是王道。涉及控制权的博弈，究竟是法外的火拼，还是靠法律基础上公平的控制权角逐呢？我认为，答案应当是后者。

分散化的股权可能会产生春秋战国的故事。因为大股东比例下降了，同时大股东在二级市场抛售变现，刘纪鹏院长说的高送转之下的股票减持也是这个问题，都会导致股权比例的分散，加上专业机构成精成仙，还有投资机构多元化，尤其是短融长投，有的是短融短投，有的是长融长投，都不一样，因为投资人背后也有投资人。股东积极主义，包括问鼎控制权的做法，我认为只要是合法的、公开透明的都应当撸起袖子加油干。控制权的取得必须强调合法，只要合法就不是害人精，就不是野蛮人。

领导同志的非标准化语言有利有弊，非标语言的好处是穿透力强，每个人都对号入座，联想空间比较大，而且领导的人格魅力可以空前地凸显，而且资本市场伦理可以得到弘扬，客观地讲，刘士余同志讲话我还是很欣赏的，细琢磨起来没问题，就是遣词造句不一定那么精准，比如法律依据不谈、构成要件不谈，法律后果有时候顾不上说，记者没听到这些，就给登出来了。这都不怪领导，怪媒体。

控制权发生转移时，目标公司董事会应当处于中立的地位，尊重新的股东的请求权、召集权、主持权和提案权。法律也会面临这样的考验，现在万科工会状告宝能系通过资管计划持有的股权，确认它不行使表决权；同时，小股东状告万科公司董事会的决议。不管怎么样，我个人认为，法律上答案都很容易找到，涉及股东会、董事会决议的，就涉及 8 个字——程序严谨、内容合法，程序有瑕疵的请求法院撤销，内容有瑕疵的请求法院确认无效。当然违反的是法律行政法规强制性规定，程序属于可信撤销范畴。只有一个例外，内容违反公司章程的只能请求撤销而不能请求确认无效。

公司股东会的程序严谨主要聚焦在两点：一是召集程序，比如议题议案有没有说清楚；二是表决程序，有没有回答股东的质询。我认为高高在上也是股东大会决议的一个重要瑕疵。

取得控股权的时候主要是履行信息披露的义务。

控制权市场是滋养企业家精神，不是压抑企业家精神，我相信企业家有一心、二维、三品、四商、五严、六实的理念。对社会、对股民有感恩之心；有追求利润合理化的思维，有社会责任担当的思维，不做富而不贵的土豪企业，做受人尊重的现代企业；要做产品、企品、人品合一的企业，企品比产品重要，人品比企品更重要；所谓四商就是创新的智商，受人尊重的情商，信仰和敬畏法律的法商，法律值得信仰，如果实在不信仰就敬畏吧，如果不敬畏，该有大麻烦了，还有突破逆境的逆商。

公司治理章程中有法治文化缺失的背景，包括成王败寇的文化、人治文化、赌博文化、窝里斗的文化、潜规则文化，在上市公司都有影子，核心是企业精神不能凌驾于股权文化和契约精神之上。

资本市场的伦理也很重要，包括对于保险公司这样的机构投资人，我也希望做受人尊敬的投资者。在世界经济论坛上，有个国际商业理事会提出一个观点，新范式，要扭转对冲基金追求近期利益的思维，采取更包容的 CSR[①] 的公司投资风格，追求公司可持续发展的更大利益。对公司高管也应当有所约束，包括定薪，鼓励投资者与公司坦诚对话与沟通。

如何让高管定薪和长远利益挂钩，而不是和近期利益挂钩。当然，我认为对冲基金里的工作人员考核，巴菲特、索罗斯对他自己打工仔的考核也应该有长期投资的理念。

最后一句话，期待我们控制权市场生态环境走向一个法治理性、诚实信用、公开透明、多赢共享的康庄大道。

点　评

金岩石：人人谈万科，万科是控制权之争的一个经典案例，但是万科

---

① CSR（Corporate Social Responsibility），即企业社会责任，是指企业在创造利润，对股东负责的同时，还应承担起对劳动者、消费者、环境、社区等利益相关方的责任。

这场戏现在没有谁能看懂。我琢磨了半天，把这几个人物排了排，写了一首诗：

万宝之争，深铁得利，从此万科不姓王。

主仆难分，小三上位，老爷主宰董事会。

这样就把万科局里的人物弄明白了。刚才俊海讲董事得持股 180 天，但万科这几个小三都是短炒，无论是从生铁还是恒大，甚至再加上援外，都属于没到任期的小三。这里出现一个问题，小三上位合法不合法？第二个问题，大股东的界定。在万科的章程上，对大股东的定位、定义是持股 30%以上，持股时间 180 天以上。所以，援外声称他是大股东被关在门外，结果屋里那些中小股东开会，门外大股东站那儿，大家给了他一个名字“门外的野蛮人”，大股东变成野蛮人了。中小股东变成了公司的主人。所以，万科这盘局到最后一定会被证明是公司治理发展的耻辱。

但是万科是好公司，好在管理层之下绝大多数人乃至基层员工都很敬业，我们投资的公司，或者我们参股的，或者和公司有过关联交易的公司都对万科的治理水平跷大拇哥，但这个治理水平讲的是什么呢？理论界有个问题，一些理论家把公司治理和公司管理混在一起，而导致媒体一说公司、万科就说是治理水平很高的公司，其实没弄明白，是管理水平高还是治理水平高。公司治理（corporate governance）这个词应该倒过来念“治理公司”，它讲的是如何治理股东和管理层，不是讲这个公司管理水平。所以，这个公司是管理水平很高的公司，所以，这个公司仍然是我国企业的骄傲。但宝万之争暴露出一个问题，而且是中国绝大部分上市公司面临的同样问题，就是谁来治理股东？治理股东靠什么？刚才听俊海讲，在中国当股东可难了，道德水平得特别高，情商得高，智商得高，法商也得高。

这就出现一个问题，如果一个制度只有好人才能入局，这不叫制度，一定是坏人也能入局，它才叫制度。所以，一流人谈规则，二流人谈利益，三流人谈道德，最不靠谱的人才谈情怀。

刘纪鹏：情怀得谈。刚才还说中国人不缺情商，不缺智商，就缺法商。现在法商来了，有请商学院李建伟。

李建伟：俊海教授善于捕捉社会上的热点问题，一般学者跟学生讲的只能关注最近3—6个月的，他2016年前的还能记忆如新，还能够把它串起来，上升为一种规律和现象，转化为法律语言，再纳入自己既有的股权文化的理论体系，还有闪光的词，比如“依法碰瓷”，今天晚上还是第一次听说。但是本次讲座也有些许遗憾，我是冲着“宝万”这两个字来的，但好像1小时40分钟过去了，既没提宝也没提万，急得我都不知道怎么点评了。最后十分钟您提到了，当然我认为还远远没有金岩石先生提的次数多。但这也是俊海教授的优点，理论基础之上，其实句句都有所指，如果没听到，那可能就是法商还不够。

我还要严肃地回应一下俊海教授的内容。他提到一个很好的问题，总结为保护中小股东的价值到底在哪里。社会上有各种各样的弱者，妇女、家庭、老人是弱者；消费者面对经营者是弱者；男人和女人相比，女人是弱者。谈到市场文化，小股东却始终是弱者；强者有可能是秘书，有可能是保姆，有可能是职业经理人，有可能是大股东，形形色色的实际控制人。唯独永恒的股东是中小投资人。每个法律场合下注重保护弱者，有什么价值和意义呢？这确实是严肃的话题。2015年的股灾，受波及的以我国上百万计的中产家庭为主，每一户人家都丢失掉二三十万元，但这并没有获得社会公众的普遍同情，因为大家觉得你是有产者。为什么我们好像对中小股东没有过多的关注或保护措施呢？我想，中小股东可能是弱者当中最不值得同情或最不值得称为弱者的。

我觉得中国迟早会进入民主法治的社会，迟早有一天会走向from people、for people、of people的社会。这样的社会不会凭空产生，需要每一个阶层、每一个家庭、每一个人，就像19世纪伟大的德国民法学家叶林格所说的“为权利而斗争”。我要肯定的是，这些弱者不是普遍性的或者齐头并进为了治理权而斗争，那么有没有一个差序格局，有人率先站出来，这时候我们想起了《勇敢的心》——20 世纪 90 年代最难以忘记的电影。当一个弱小的民族受到异族侵略时，我们指望谁先站出来呢？指望妇女儿童是不靠谱的，指望七八十岁的男人不靠谱，应该指望这个民族的成年男人。以中小股东为代表的社会，另外一个名词是中产阶级，他们主动先行一步，为这个权利而斗争。

提到中产阶级就又会提到市民社会，如果这帮人遭受了欺负和屈辱之后仍然选择不出声，仍然选择逃避，甚至是移民，我觉得这个社会就没有希望了。中小股东群体面对业主、普通的消费者和家庭妇女儿童，应该有所担当，为控制权而斗争，可能不仅仅是为自己，也有更大的社会价值。大家关注一下最近刚刚颁布的《民法总则》，这不仅仅是民商法应该关注的，金岩石老师、刘纪鹏老师和公务员都应该关注的，因为这与每个人的权利息息相关，这个法典本身就是私权利的法典。这次有很多条文，比如公司禁止不利的关联交易，公司必须设置权力执行和监督机关，由《公司法》规范上升为民法的普遍规范，这就是《公司法》的溢出效应。换句话说，原来我们认为公司治理的专属条文，现在上升为所有营利法人的条文。如果为自己的权利而斗争，在受到欺负时不是选择沉默，这个社会至少会有所突破。在这个过程中，各类中小股东，哪怕维权的方式有些荒唐，或有些笨拙，但只要他敢勇敢站出来，对社会来讲都是有积极的价值的。

除了中小股东的自救之外，一般最受关注的资本市场，是高大上的上市公司，但中国的上市公司其实才两三千家，真正公开发行的股份公司都不到 1 万家，还有很多有限公司，有限公司的小股东遭遇比股份公司更悲惨。如果受到不公的待遇，上市公司还能在媒体上发发声，而中小公司、中小股东却不愿意积极维权，除了犬儒主义、逃避心理和法商不够之外，维权的成本很高。其实，不但要靠中小股东自救也要靠他救。

郝一生：我讲讲日本的“宝万之争”，2004 年日本出了两个野蛮人，一个叫活力门，一个叫村上基金。它们集中财力和杠杆买日本放送的股票，两家加起来达到 85%，成为最大股东。它和“宝万之争”最大的差别在于，买了 35%以后，对外公开宣称要拿下日本放送。日本放送背后的大股东是三菱集团，该集团有三菱银行、三菱重工、三菱汽车，偌大一个公司，怎会允许一个野蛮人的掠夺。最后的结果是，一个月之后，它们把 35%的股票全部卖出，剩 3.5%，它们赚了 45 亿。

我们怎样衡量宝万之争？它的善与恶，正确与错误怎么衡量？刚才您说了，要依法衡量。宝万拿的是人民币，其他投资者拿的也是人民币，在股票市场上进行买卖并没有违法，怎么判断该行为的善恶，这是个很大的问题。光有法律是不行的，还要从收购的目的来看。我认为有两种恶意的收购，一种叫作敌意收购，就是宝万模式，通过收购把目标公司抢走。另外一种就是日本放送的模式，以收购为手段，收了再卖，赚取差价。我认为这两者是有区别的。

我提出一个观点，希望您能够指教：在法律之外，我们判断一个收购的善恶标准就是，它是否取得了被收购人的认可。拿宝万之争来说，王石认可这个收购吗？他不认可，在对抗宝能时，使出了浑身解数，但他做不到。同样一个例子，王健林收购美国一家电影公司没有成功，也是由于对方的不认可，万达违背被收购公司和被收购人的意志而强行收购，如何给这个行为定性？希望各位法律专家教授们给个答案，并且今后能够付诸行动。

许身健：古人云，天下熙熙皆为利来，天下攘攘皆为利往。现在的问题是价值观多元，利益分化。从宝万之争，我们看到了利益分配问题。我们要考虑怎样保护公司小股东的利益。消费者权益保护中，通过机制进行惩罚性赔偿，这就是个创造。同样，利益分化以后，形成了社会利益的组织化，协会是各种利益的组织。我想不管是公司治理还是社会治理，都要实行良法善治，这是法商结合的最大利益。君子爱财，取之有道，要进行结合。

互动提问

问：双层股权制度在我们国家未来有没有被接纳的可能，正在改革和创新的互联网公司是不是有可能被当作试点去接纳？

问：法律面前，私有制和公有制对弈，在我们国家倾向于公有制，宝万之争只要动用公有制的背景资源，就肯定打不赢。私有和公有的源头，是那个时代的产物。西方对私有制的界定是个人的哲学力，加上“私”就相当于原罪，保护你是有罪的，需要法律上对私有制重新界定。这是希望您回答的问题。

刘俊海：老祖宗早就说了，手心手背都是肉，不管是国企还是民企，自然人还是法人，第一地位平等，法律地位要平等；第二，政治地位要平等；第三，社会地位也是平等的，没有一类主体是低贱的，没有一类主体是法外特权的铁帽子王。要鼓励互利合作，搞混改。混改进展不下去是因为做小股东容易受欺负，做大股东人家说你侵占国有资产，要建立在平等互利的基础上。

平等监管，我个人认为，不能说它是国企，就向着它，要严刑峻法。平等保护，谁有理保护谁，谁有法律依据保护谁，谁有法理依据保护谁，谁有证据保护谁，所以，我坚决反对国企打“霸王牌”，说我是共和国长子；我也反对个别民企打“悲情牌”，说我不容易。要地位平等、共同发展、公平竞争、互利合作、平等监管、监管保护，这个问题就能解决。

问：其实宝万两个都输了，因为都是失。

刘俊海：所以，我就说，一个好制度是让大家都成为赢家，各行其道，各在其所，方为治善之境界，能够靠资本力量、法治规则调整的，公权力要保证迁移性。那个同学提到 AB 股，因为这些创业人很重要，就和扎克伯格、史蒂夫·乔布斯一样，当年也是被董事会踢出局。现在很多年轻的高科技新贵开始重视 AB 股了。我的建议是两条，一是修改《公司法》，引进多类别的股份公司自律机制，列举可以，概括也可以；二是在《公司法》没有修改之前也可以做，可以更多地靠股东协议，表决权的委托协议。大家各得其所，找到适合自己的鞋子。

最后，感谢刘纪鹏院长的邀请，也感谢各位老师过来给我捧场，因为涉及某些上市公司敏感的问题，某家公司两天之后就开董事会，我坐在这儿说，万一股价受点影响，你说是谁的责任哪？我可赔不起股民那几千亿元啊。感谢各位的捧场，我就敢说了，没有你们助阵我还真不敢讲。

第四篇

人类经济制度面临的重大危机和可能的出路

——全球金融资本主义的起源、危机和救赎

蓟门法治金融论坛第 32 讲

时间：2017 年 3 月 29 日

地点：中国政法大学蓟门桥校区科研楼二层报告厅

主持：刘纪鹏

主讲：向松祚，中国人民大学国际货币研究所理事、副所长

主持人荐语

刘纪鹏：特朗普上台、英国“脱欧”，背后隐藏的是近 40 年来西方国家收入两极分化、贫富差距加大以及虚拟经济和实体经济地位颠倒的深刻社会矛盾。从 20 世纪 40 年代布雷顿森林体系确定以来，已 70 余年，西方资本主义在美元的主导下发生了巨大的变化，也产生了社会矛盾的两极分化。具体表现在三个方面：一是信用资源导致金融资源分配的极端化，各种资源越来越多地

向握有金融信用的人手中转移；二是虚拟经济对实体经济的主导化，这直接导致人们看重的不再是实体经济利润最大化，而是虚拟的市值最大化，虚拟经济与实体经济头脚颠倒；三是社会财富分配的极端化，整个社会的财富和资源越来越多地向货币、金融主导国和企业转移。这一切在市场经济从产品经济迈进资本经济的时代，会产生什么影响？向松祚教授将从金融资本主义的起源、现状和未来的三维视野，为大家指点迷津。

今天，整个人类、全球经济正在面临一个重大问题——人类经济制度面临的重大危机，而这一问题症结在于其表现形式及其根源。

每个时代，当政治制度、经济制度面临重大挑战和危机时，人们总是要思考这一根本问题，而且这个问题与今天中国的经济与金融也是有极大的关系的。这不仅仅因为现在中国的经济是世界非常重要的构成部分，而且中国经济确实从深层次已经显露出许多亟待解决的重大问题。

一、2008 年金融危机、全球经济弱复苏、英国“脱欧”、特朗普当选、欧洲向右转等现象背后的人类经济制度困境

2008 年金融海啸紧接着经济弱复苏、英国“脱欧”、特朗普当选、欧洲向右转（极“右”转）等一系列现象发生，尤其让世人难以预料的是从来没有从政经验的人当选了美国总统，而且提出了一系列让人非常震惊而且令人担心的政策。这些现象背后共同的原因究竟是什么？我认为答案是人类的经济制度确实出现了重大的危机。我把全球金融体系、全球金融制度、人类发展到今天的金融制度称为“全球金融资本主义”。人类的经济体系和制度为什么会演变到今天这般？美国、欧洲、英国等经济学者、战略学者、金融学者都从不同角度在反思、反省、检讨今天人类经济制度所面临的危机。

这些现象背后重大的原因是什么？比如2008年的金融海啸时，美联储前主席格林斯潘讲，这是百年来最重要的金融危机，从此全球经济进入弱复苏。全球主要的决策者和学者对全球经济基本判断仍然是一个弱复苏，甚至人类经济从2010年开始已经进入所谓的康德拉蒂耶夫中心下行期。康德拉蒂耶夫提出经济周期为55—65年重复一次，由繁荣到衰退交替出现。有人认为人类经济处于康德拉蒂耶夫周期下行期25—30年，也就是人类经济下行至少要持续到2030年左右，这期间世界将会发生哪些变化？

过去几年接连发生欧洲债务危机、欧元危机，全球政治版图开始剧变，地缘政治冲突愈演愈烈，英国“脱欧”只不过是欧洲危机连续剧的一幕，欧洲向右转是另外一幕。

为什么会出现这样重大的变化？特朗普当选为美国总统，这对于美国来说是非常奇特的转变。美国老牌的战略家、经济学家基辛格说，特朗普是美国第二次世界大战以来政治生态最大变局。美国《时代周刊》评论特朗普被评为去年的年度人物时，称他为美利坚分裂国的总统。英国《经济学人》杂志说，“特朗普当选美国第45任总统，标志着2017年全球开始进入一个新的却比较黑暗的年代，但愿这个黑暗时代不会直到永远”。

今天我们强调全球经济弱复苏或衰退，但探讨的角度都过于表面，比如我们在检讨的金融监管问题，汇率制度安排、货币政策问题，财政政策问题。1980年开始，全球全面转向资本主义经济制度。这一时期资本主义经济制度主要表现为两个特征：私有产权和市场竞争。若再加上全球化，它们成为20世纪80年代三大浪潮。撒切尔在英国的经济革命，里根在美国的经济革命，邓小平在中国的经济革命，1989、1990年前后苏联的解体、东欧的剧变等一系列重大变革最终都迈向了何处？这一系列变革具备相同特征——我统称其为全球资本主义。1992年美国著名政治学者福山写过一本书《历史的终结和最后的人》。福山是世界上著名的学者，斯坦福大学胡佛研究所的研究员，我曾有幸几次与他谋面交谈。这些年他的观点已经发生改变，他觉得他这本书书名当时取得有点过。他在那本书中认为苏联的崩溃，东欧的剧变，所有国家全面转向私有产权、转向资本主义，特别是东欧这些国家转向资本主义，西方的民主体制，这表明资本主义和自由民主就是人类历史的终结，人类历史不可能再有下一个阶段的。但今天我们看到了另一番格局。

二、特朗普新政：重塑资本主义经济制度

不要小看这个人，虽然我们看到的都是他滑稽的一面，实际上他有非常严肃、冷静的一面，他对人类的命运、美国的制度、美国的社会都有极其认真的思考，事情不会那么简单。他为什么成功当选为美国总统？谁在支持特朗普？认为美国需要变化的人中差不多70%的人投了特朗普的票。认为全球化、自由贸易抢走了美国人工作的人当中差不多一半投了特朗普的票。这说明对现行的经济制度、现行的全球化、现行的收入分配极端不满意的人投了特朗普的票。在过去35年的时间里，美国社会中，贫穷的人收入完全是负增长，富人收入增长远远超过低收入阶层和穷人。这是美国《时代周刊》用来解释特朗普当选背后的经济原因，我下面会有更多的数据来说明他能当选美国总统的原因。

根据美国《时代周刊》和很多人的判断和分析，特朗普之所以会“意外”当选美国的总统，背后的原因是美国出现了严重的收入差距和贫富悬殊。这是真正值得回答的大问题，其实这个问题有很多学者在广泛地讨论，比如诺贝尔奖得主斯蒂格利茨2013年出版的《不平等的代价》，法国著名学者皮凯蒂2013年出版的《21世纪资本论》。《21世纪资本论》主要讨论西方发达国家收入差距和贫富悬殊的问题，这本书在美国出版英文版以后引起了极大的轰动。我自己也出版了一本书叫《新资本论》，主题之一也是要解释为何世界各国出现了严重的贫富悬殊和收入差距。

另外还有一本书叫《清教徒的礼物》，是两位非常资深的美国制造业

学者，制造业长期工程师，后来成为学者，检讨美国为什么出现了严重的问题，为什么美国的制造业出现了严重的问题，为什么美国的制造业在20世纪70年代以后逐步地空心化，在很多制造业领域美国与日本、德国、法国都不能相提并论。与此同时，出现严重的两极分化和收入差距的原因又是什么？他们从不同角度解释了这些问题，这本书写得非常有趣。这不禁让我们思考，以私有产权和市场竞争为核心特征的资本主义经济制度究竟发生了什么？它究竟存在什么重大缺陷，我们今天究竟应该怎么改革？我想这些问题是每个人都应该思考的大问题。

特朗普内政和外交试图重塑世界秩序，重塑美国秩序，特别是重塑美国的经济秩序。

世界上很多人总结，特朗普内政和外交政策背后有三个主义：一是种族主义，二是保护主义，三是专制和独裁主义。他有一整套意识形态和价值观。更重要的是他的首席战略家斯蒂芬·班农，他对整个人类社会、人类命运、当代人类所面临的问题有自己的诊断。我希望当代关心世界命运的人关注这个人。他被美国称为当今世界最有权势的人物。他在年轻时参加过美国的海军，海军退役以后，在当年克林顿读书的地方，拿了国际关系硕士学位，到哈佛大学拿了MBA，到高盛工作十几年，后来到好莱坞做兼并收购。2010年他加入美国保守主义网站，这是鼓吹前面三大主义的美国最著名网站，鼓吹美国种族主义、白人至上、白人优先。他从2011年就在寻找能改革美国的政治制度，能实现他改造美国、改造世界的理想的机会，终于他找到了特朗普。他是特朗普竞选团队的CEO，特朗普之所以当选总统与他的操纵有极大的关系。整个竞选团队的策略全都由他负责策划。特朗普当选总统以后他成为首席战略家，当其他人都在专心听总统讲话时，只有他穿着便装在椭圆形办公室走来走去，“思考人类命运”。

在政治圈里政治地位有多高，不是取决于你的权力有多大，而是与掌握权力的人离得有多近。白宫椭圆形办公室所在的地方，一楼离特朗普最近的人首先是白宫办公室主任，还有一个人就是班农，他基本主导了特朗普的外交政策。据说他是唯一可以穿便装，不用打领带进椭圆形办公室的。在美国也是要讲规矩的，见到总统必须要叫 Mr President，不能叫他特朗普。对于班农，我关心的是他对世界的看法，世界上很多人都在思考这个问题。

班农对人类和世界局面有两个判断。他的第一个判断是，当今世界最主要的矛盾是“犹太-基督教价值观”基础上的资本主义经济制度遭遇到权贵资本主义和自由资本主义的最大威胁。犹太教之外的都是异教徒，首要的是伊斯兰极端主义者。

第二个是他对经济制度的分析和判断。他认为资本主义制度是对的，人类找不出比资本主义制度更好或更可行的经济制度。所谓资本主义制度即为自由产权+市场竞争。但是班农认为，资本主义经济制度有好的和坏的，好的是必须建立在犹太经济价值观基础上的资本主义制度。他认为当今，好的资本主义经济制度已经没有了，或者已经基本没有了，认为当今世界好的资本主义经济制度遭遇到权贵资本主义和自由资本主义的最大威胁。

这是一套非常奇怪的理论，按照班农的说法，根据第一个判断，下一次世界大战即将爆发，大概在 2020—2035 年发生。他认为美国的历史是 80 年为一周期，每一个周期都是以一场大战为起点——1776 年独立战争，1860 年南北战争，1940 年第二次世界大战。到 2020 年正好 80 年，他认为下一次世界大战就是犹太-基督教价值观、白人世界与异教徒之间的冲突而产生的，美国要为此做好准备。可以看出班农对美国历史格局的思考是非常怪异的，但同时可以讲是非常深刻的。

班农并不是唯一一位持这种思想的人，亨廷顿曾写过《文明的冲突和世界秩序的重建》。现在整个美国特别是欧洲为什么向右转？因为欧洲最大的威胁是伊斯兰化，欧洲要向右转就是要把门关起来，试图将少数外来人口，特别是穆斯林拒之门外。所以，特朗普非常欣赏班农对世界的看法，这也是他们为什么与俄罗斯联合的原因。他们认为俄罗斯是白人的代表，美国有几个白人至上主义的极端组织，比如3K党，认为普京是白人世界的偶像，所以特朗普总统一定要和普京联合起来，分化瓦解伊斯兰世界，限制穆斯林移民，然后再对付其他国家，包括中国。

我不赞成他讲到的犹太–基督教价值观的资本主义经济制度是好的经济制度的观点，但对他的观点要批评地吸收。什么叫犹太–基督教价值观的资本主义经济制度？有一本书里很详细地讨论了基督教的五个价值观理论。即：

1. 建造人间天国的坚定信念；
2. 亲力亲为的工匠精神；
3. 集体利益高于个人利益的道德观念；
4. 协调物力、财力和人力的组织能力；
5. 高度重视科学技术。

认为建立在这五个理念基础上的资本主义经济制度是好的。简要地讲，犹太–基督教价值观是马丁·路德和达尔文所持的改革以后新教的理念，该理念强调工作的神圣性，比如路德曾经讲过一句话，他告诫他的信徒，“无论你的工作多么卑贱和渺小，请你一定要坚信，你的工作同样伟大和珍贵，不是源自你的自身多么有价值，而是源自你的工作来自上帝教导和神灵所构成的神圣世界，自有其不可或缺的地位”，所以他们把财富神圣化，你变得有钱，变得非常富有，表明上帝在眷顾你，上帝相中你了。

马克斯·韦伯写过《新教伦理和资本主义精神》，这是过去西方世界非常著名的一本书，它其实是在批判马克思的唯物论。马克思的唯物论认为，宗教意识形态、上层建筑是来自经济基础。韦伯正好反其道而行之，认为资本主义之所以来临是因为有新教。他提出很多命题，非常有意思。客观来讲，要赚钱，每个人都要拼命地工作，要变得富有，只有变得富有才表明上帝眷顾你，但是赚钱绝不是为了个人的享乐。清教徒的伦理是矛盾的，越是赚钱多越是要节俭，越是赚钱多变得富有越要苦行，要变成苦行僧。谁能做得到呢？韦伯认为“奢侈无度或无止境的享乐欲望从来就不是真正的资本主义，与真正的资本主义精神相距更远。相反，资本主义精神与其说是奢侈无度，倒不如说是极度克制，或者至少是对那些非理性的冲动尽可能理性地克制或调节”，“要想富裕的人首先就是要节俭”。

当然代表清教徒资本主义精神的人很多。富兰克林、华盛顿、洛克菲勒、盖茨、巴菲特、谷歌创始人佩奇和布林、扎克伯格，这些人的共同特征是什么呢？美国最著名的传记作家荣切尔诺，他是美国30年来最伟大的传记作家，写过很多的书，有一本书就是写洛克菲勒的。他说洛克菲勒一生如此准确地阐释了清教徒资本主义精神，以至于我们完全可以说韦伯的《新教伦理和资本主义精神》一书，简直就是提前为洛克菲勒写好的精神发展史。洛克菲勒怎么体现这个资本主义制度呢？

据我们所知，洛克菲勒是石油大王，在1890年时已经是世界首富。洛克菲勒在1839年出生，也就是说还不到50岁已经是世界首富。10亿美元，今天大家可能觉得不算什么。但根据经济学家的估算，那时候美国国内生产总值才144亿美元，也就是说10亿美元财富差不多相当于美国GDP的7%。洛克菲勒活到98岁，差不多100岁。他这样总结自己的一生：前50年赚钱，后50年花钱。怎么花钱？做两件事儿，一是办教育，二是办医疗。洛克菲勒基金会至今仍然是世界上最大支持教育和医疗的慈善组织。

据我们所知，芝加哥大学是他一手创办的，洛克菲勒大学也是他一手创办的，他支持了无数世界一流大学。他还创办了中国著名的协和医院、协和医学院、湖南湘雅医院。他之所以创办这些机构，是认为赚钱不是为了自己享乐，而是为了获得荣光，完成上帝的使命。上帝的使命有两个，一是拯救人的肉体，二是拯救人的灵魂。拯救人的肉体就是要办医院，拯救人的灵魂就是要办教育。后来的比尔·盖茨、巴菲特、谷歌、扎克伯格完全是一脉相承。扎克伯格现在非常年轻，才32岁，但他所拥有的财富已经接近600亿美元，他已经宣布将全部财富捐出去。前不久他刚刚宣布再捐39亿美元建全世界最大的独立医学研究中心，他说他的使命是在21世纪攻克人类所有基本需求难题。

美国的资本主义经济制度长期以来，被认为是建立在清教徒的理念之上。《清教徒的礼物》作者盛赞谷歌创始人佩奇和布林：在花之权力的鼓舞下，创立了世界IT巨头之一的谷歌公司。他们的座右铭是不作恶。他们受清教徒式的理想主义的鼓舞，希望改变世界，让世界变得更好。据报道，有人参观谷歌总部之后说："觉得自己走进了一家满是清教徒的公司。"班农、洛克菲勒以及其他很多人认为，这是人类最好的经济制度。

清教徒精神的资本主义经济制度可以概括为10个特征，核心的意思是每个人都要忘我地工作、勤奋地工作，无论多么富有都要继续勤恳地工作，同时要非常节俭，把钱捐出去，完成上帝的使命，拯救人类。巴菲特和比尔·盖茨，他们两个庞大的基金也是做这两件事情。

包括《清教徒的礼物》作者斯蒂芬·班农的大多数人认为，美国这样好的经济制度在过去40年已经基本不存在，或者已经大大地削弱了。他们认为，现在人类占主导地位的资本主义经济制度是两个坏的经济制度：一是权贵资本主义，二是自由资本主义。所谓权贵资本主义是极少数人以国家和人民的名义控制着国家大部分资源，其实私有产权名存实亡。二是全面垄断遏制公平的市场竞争，极少数人专门为自己制定法律法规和经济政策，收入差距和贫富悬殊处于世界最高水平，社会严重分化，处于极少数人拥有惊人的财富，绝大多数人长期贫穷的状态。

完全的自由主义是主张完全的私有化和好恶约束的自由竞争，就是所谓的"华盛顿共识"。华盛顿共识是过去40年产生的思想，美国很多人不同意华盛顿共识。该观点认为，一切皆可买卖，包括人的灵魂皆有市价，没有高于市场价格的超越价值，它不承认世界上有超越的东西，所有的都可以买卖，只要愿意出钱。相信收入差距和贫富悬殊是市场竞争的必然结果，是完全正义的。而这些问题就是今天特朗普希望解决的。

三、全球金融资本主义：根源和特征

特朗普在反思美国的经济制度，斯蒂格利茨等人类经济学家在反思人类的经济制度，我们同样在反思。我前后花了十年时间写了《新资本论》。我为什么开始思考这个问题呢？我从货币和汇率角度思考人类的经济制度，人类的经济体系到底出了什么问题。在这本书里，我得到的结论是，人类今天的经济制度，当代人类制度的主要特征概括为全球金融资本主义。具体包含三个含义：

人类的经济制度普遍都叫资本主义，因为资本主义就是私有产权和自由竞争，即马克思所谓的生产资料私有制。为什么又叫金融资本主义呢？我认为，资本主义经济制度大约在 14、15 世纪萌芽，大约经历了三个阶段，第一阶段是商业资本主义，哥伦布发现新大陆，全球贸易开始出现。当时最著名的经济理论是重商主义的学说，当时人们认为财富主要是指白银、黄金等贵金属。当时，东印度公司，荷兰的一些公司在全世界掠夺，用极端残忍的殖民手段到非洲、美洲、亚洲，到世界各地抢夺黄金，抢夺白银，抢夺贵金属。1750 年工业革命爆发，资本主义逐渐从产业资本主义进入工业资本主义。

第一次工业革命从 1750 年到 1850 年，主要发生地在英国。第二次工业革命大约从 1850 年到 1950 年，也是 100 年时间，主要发生地在美国。现在产业界、学术界将第三次工业革命时间定为 1946 年。为什么是定为 1946 年？因为人类第一台电子计算机发明在那一年。我称这个阶段为产业资本主义，即第二阶段，什么叫产业资本主义？从理论上来讲，我们今天所学的古典经济学、新古典经济学等一套理论都在讲产业资本主义。

在产业资本主义时代，实体经济由产业主导，是决定经济体系的关键或根本的变量。古典经济学的基本假设是货币在长期是中性的。古典经济学讨论利率、汇率、价格时不涉及货币。利率本身是不需要货币的。利率的货币理论是凯恩斯在通论里引入进来的，凯恩斯首先探讨的是利率的非货币理论。

汇率最著名的理论是购买力平价理论，是由瑞典经济学家古斯塔夫·卡塞尔提出的。汇率是两个国家的相对价格的比较，与货币政策没有关系。货币数量论也是有关实体经济的理论。根据该理论，制造业的相对价值最终决定了整体的物价水平，所以货币长期是中性的。这些理论是西方经济学整个金融体系的中流砥柱。产业资本主义是由这套理论体系所构成的。

我认为，20世纪70年代以后，人类经济体系发生了革命性的变化，全球货币体系变成了完全无锚的信用货币体系，货币供应量已经没有任何现实可靠的约束机制。1971年8月15日，尼克松总统宣布中止黄金和美元的兑换，人类货币和实物货币的锚断了。在此之前，人类的货币不是人为操纵的货币。布雷顿森林体系是汇率货币体系，其他货币和固定美元挂钩，黄金和美元挂钩，中央银行扩大货币，创造信用并不能为所欲为，因为有外部的约束机制。但1971年8月15日，联系黄金和美元的锚切断了，这是人类划时代的变化。这直接导致了金融资本主义的产业，即资本主义经济制度进入第三阶段。

产业资本主义的头是实体经济，是产业，到了金融资本主义时代，头和脚颠倒过来，金融变成了头，实体经济变成了脚。如今我们实体经济的相对价格、利率、汇率、货币供应量是由什么决定的？这个问题非常值得研究。根据我初步的研究成果，当今经济体系头和脚的关系，主人和仆人的关系已经完全颠倒过来了。20世纪80年代撒切尔和里根的经济革命，是为了实现全球化，而现在很多人反对全球化，欧洲人反对全球化，美国人反对全球化。这并不是无理由可寻，因为现在的全球化本质上是不平衡的全球化，只有金融市场完全实现了全球化，而其他很多领域并没有完全实现全球化。

在这样一个大的背景下，货币失去了约束，信用创造失去了约束，金融市场开始自我膨胀等原因造成了虚拟经济开始日益脱离实体经济。全球金融资本主义形成了三个两极分化的体系。过去经济学主要讲一个两极分化，就是收入分配、收入差距的两极分化，但全球金融资本主义是三个两极分化相互叠加的。

第一个两极分化是虚拟经济和实体经济的两极分化。金融与金融投机为代表的虚拟经济自我循环，形成相对自我独立的体系。第二个两极分化就是信用资源分配的两极分化。第三个两极分化是实际收入和财富的两极分化，是我通常所讲的两极分化，经济学教科书主要讲这一个两极分化，前面两个两极分化几乎没有人探讨。由于虚拟经济和实体经济头和脚的关系完全颠倒过来，基于“货币是一层面纱”、“货币长期中性”或“实体经济决定金融体系”的传统经济理论则完全失效。教科书的货币理论和汇率理论无法解释当代货币金融现象。

这些问题需要我们从根本上解决。美国学者经常发表这方面的文章。从某种程度上讲，2008 年“金融海啸”对美国的经济学，对美国经济学者心理是毁灭性的打击。英国女王 2009 年参观伦敦政治经济学院时，100 多个世界著名教授学者陪着她讨论金融危机。女王当时问学者：“你们都在讨论金融危机，这么多著名的学者有谁知道金融危机的根源吗？”没有一个人回答得出来。这是全世界经济学最前沿的问题。

全球金融资本主义是重大的命题，也是人类今天所面临的亟待解决的问题。虽然人类迎来以互联网为核心的新一代科技革命和工业革命，但奇怪的是，许多国家的全要素生产力增速却出现了下降或放缓，全球都在讨论所谓的“生产力之谜”。美联储前主席格林斯潘等人以大量数据证明，在虚拟经济恶性膨胀的时代，实体经济的投资增速却大大地放缓，导致了实体经济的劳动生产力增速放缓或下降，工人阶级的收入长期停滞增长或下降。这就是美国“特朗普现象”和英国“脱欧”的内在根本原因。

全球金融资本主义时代，由于虚拟经济恶性膨胀形成巨大的“流动性池子”，货币政策传导机制发生重大变化。全球货币政策基本失效，无论是量化宽松、低利率、零利率和负利率政策，对刺激实体经济投资和消费都收效甚微。“货币万能主义”已经彻底破产。我们一方面出现流动性过剩、资产泡沫，一方面实体经济继续弱复苏，萎靡不振。这是个划时代的变化。

全球金融市场在膨胀，而实体经济基本没有任何增长。《新资本主义》这本书里有大量的数据供参考。人类为什么需要庞大的外汇市场？今天全球日外汇交易量超过 5 万亿美元，年交易量经常达到 900 万亿甚至 1000 万亿美元。与此同时，外汇市场和货币市场以利率掉期为主体的金融衍生产品交易量也创历史纪录，突破 400 万亿美元。全球每年真实贸易才多少，这两年全球贸易增速放缓，最高的一年，全球贸易额才 23 万亿美元。我们这么庞大的外汇交易、衍生交易有什么用呢？这些年那么多全球顶级的银行，摩根大通、花旗、UBS（瑞士联合银行集团）等如雷贯耳的大银行都在干什么“勾当”呢？操纵利率，狼狈为奸。德意志银行为什么被罚款 45 亿欧元，差一点破产？因为它们脱离实体经济，债券规模同样如此。正如蒙代尔和美联储前主席保尔讲，如果我们把全球经济作为一个经济体，视为一个货币供应量，也就是全球货币供应量，1971 年全球外汇储备仅仅 480 亿美元，目前已经超过 13 万亿美元，增长近 300 倍。2008 年“金融海啸”之后，各国以宽松货币政策来挽救危机和复苏经济，储备货币增长量超过历史新纪录。金融危机之前，全球储备货币总量不到 7 万亿美元，危机之后 5 年时间，净增长近 6 万亿美元。人类经济增长完全没有约束。人类货币体系、经济体系到底怎么走下去，这是非常值得研究的大问题。经济学看似庞大的学科，实质上就研究两个问题：一是研究相对价格，包括产权、交易费用、合约、激励机制；二是研究货币的问题。人类研究的经济制度概括为两个制度：一是产权制度，二是货币制度。如果产权制度出了问题一定会出现大灾难，如果货币制度出了问题，照样也会出现大的灾难。

它造成的后果集中体现在所谓1%的问题上，全球资本主义内在失衡集中体现在1%的问题上。美国学者并非没有预言到特朗普式的革命的必然发生。2013年，美国著名的《外交》季刊发表学者穆勒（Muller）的文章《资本主义和收入不公》，文章说："近些年，有两件事情支配着美国和其他资本主义国家的政治辩论舞台，一是经济不公平的日益恶化，二是政府究竟采取何种措施来解决这个问题。"所谓1%的问题就是1%的人群收入所享有的收入或财富占全部国民收入和财富的比例，这有大量的数据。统计数据表明，美国1%的人群所占国民收入的比例从1976年的9%上升到2011年的20%。1973年20%的美国最富有家庭收入占全部国民收入的44%，该比例在2002年上升到50%，2010年上升到53%。与此同时，最贫穷的20%家庭收入占国民收入比例，在1973年为4.2%，2002年下降到3.5%，2010年下降到3.2%。如果以个人为单位，目前10%最富裕的人拥有78%的财富，这样的社会很难继续运作下去，社会必然要革命。特朗普的胜选实际是一次革命。

根据斯蒂格利茨教授的研究，自2008年金融危机以来，美国1%的家庭拿走了全部经济净增长收益的93%，穷人和中产阶级的收入基本没有增长，许多人群的收入和财产负增长。最富的1%家庭的平均收入是中产阶级家庭平均收入的225倍。美国大公司CEO的收入是普通员工的485倍。这还是清教徒伦理的资本主义经济制度吗？早已不是了。

数据有可能有差异，也不可能完全准确。但有一点可以说明，有一点是一致的，就是以美国为代表的资本主义国家在过去40年来，收入差距和贫富悬殊一直在扩大，美国基尼系数达到0.42。基尼系数为0，意思是说每个人财富一样，绝对平等。基尼系数越低，意味着平均收入越公平，通常基尼系数在0.3或者低于0.3时比较合适，超过0.4，就达到危险的水平，美国现在是0.42。中国的基尼系数，官方公布达到0.43，民间机构说达到0.52甚至0.63。

无论是哪种解释，收入差距和贫富悬殊已经是人类面临的最急迫和最严峻的社会问题。恐怖主义的根源主要也是失业和贫穷。

前面已经提到全球金融资本主义的由来，但原因远非那么简单。

第一，人类货币体系的变化，人类货币制度的变化。在我的那本书中，我想说明人类货币的安排对于人类的福祉，对于人类的经济增长，对于人类财富的创造是极其关键的一项制度安排。人类的货币制度若出了问题，整个社会将会崩溃。这样的事情在历史上已经多次发生。根据我的判断，人类已经进入彻头彻尾的信用货币时代，货币的创造完全没有约束，这个时代到底能维持多久，我深表忧虑。2008年“金融海啸”以后，20国集团平台多次讨论重建国际货币体系，他们希望回到有约束的货币制度，但至今未果。

第二是制度变化。以华尔街为代表的金融市场主导所有公司、产业和实体经济的定价和估值，迫使绝大多数企业将经营目标确定为“市值最大化”，许多甚至无数家公司的经营方向完全背离实体经济的基本导向。实体经济基本导向应该是产品第一，质量至上（包括服务）。这可能是全球资本主义时代最显著、最重要也是最可怕的变化。

我在这里“王婆卖瓜”，在《新资本论》第52页：“全球金融资本主义的第三个特征，在全球金融资本主义时代，企业的行为准则不再是利润最大化，也不是管理者利益最大化，而是市值最大化或股东价值最大化。与此相应，在全球金融资本主义时代，企业的核心激励机制就是股权或期权激励机制。”投资者或股东可以不必关心企业的经营活动、战略和策略、产品和市场，甚至可以不关心企业是否创造收入和利润。他们唯一关心的就是企业的股价、市值或股东价值。全球金融资本主义时代里，在越来越多的人心目中，企业股票价值和市值几乎已经成为衡量企业是否卓越和管理者是否优秀与称职的唯一标准，甚至成为他们衡量企业是否具有长远发展前景的唯一标准。市值文化或股价文化或股东价值文化，正以日益强大的威力和威胁，迅速改变着企业、投资者和社会公众的价值观、资产观和财富观，迅速改变着无数的资产价值观和商业结构。

《清教徒的礼物》中以无数案例阐述了很多巨头在 20 世纪 70 年代开始衰落，核心是企业基本经济原则发生革命性、灾难性变化，作者的结论与我的结论是完全一致的。前面已经提到，“唐纳（通用汽车前 CEO）执掌下的通用汽车追求改进数字而非汽车，韦尔奇执掌下的通用电气持有大致相同的目标。在这两家著名的蓝筹公司的带领下，美国大型企业界掀起了一场微妙而根本的革命，以前火车头等产品或服务的购买者是龙头企业的客户，而现在股票购买者更像龙头客户。为了机构投资者，公司既不考虑自身的长远发展也不考虑公众的利益，它们为了美化事实制造出理想的财务数据，最后的结论是：“20 世纪最后三十几年，资本主义已然本末倒置，至少大型企业大都如此。”

《清教徒的礼物》的作者举了大量的例子。在讲述通用汽车的例子时，他说 1958 年唐纳担任通用汽车董事长和 CEO，“财务人”开始登上美国龙头企业的管理舞台，他们的注意力是如何改进财务数据而不是改进汽车。接纳唐纳的罗杰·史密斯也是一个财务人，他是个让数字看起来好看的高手。1979—1989 年，通用汽车美国市场占有率从 47% 下降到 35%，1992 年濒临破产。2004 年，市场份额降低到 25%，生产力低于日本汽车公司——丰田公司，2009 年金融危机期间，通用汽车破产接受政府重组，曾经世界绝对第一的汽车巨头，如今勉强排进前 10 名。通用电气是我们心目中伟大的企业，新任 CEO 伊梅尔特在重振这个公司。1958 年财务人拉尔夫·科迪纳出任通用电气董事长，自此之后，通用电气就走上财务主导或金融主导之路。2000 年《财富》500 强发现通用电气利润只有不到一半来自制造业，将通用电气归入金融服务类企业。当时如日中天的传奇 CEO 韦尔奇强烈抗议，20 世纪 60 年代之前，通用汽车每年注册的专利数超过任何其他公司，但到了 1999 年已经降到第 20 名，前 3 名都是日本公司。伊梅尔特 2010 年接任通用电气，现在正在重振。以前通用电气已经成了美国著名的金融服务公司之一。

还有施乐的衰落，都是这本书里讲的。AT&T 的衰落，这是非常值得谈一谈的问题。1978 年“财务人”和市场营销人士登上 AT&T 管理最高层，逐渐偏离技术主导路线。甚至请并不怎么精通通信行业的麦肯锡公司为其制定未来战略（麦肯锡是世界 No. 1 的咨询公司）。它是世界通信的发明者，居然请麦肯锡给它制定战略。1984 年麦肯锡为 AT&T 所做的预测报告说，到 2000 年全球手机用户不会超过 100 万，事实上是达到了 7.41 亿。AT&T 从此失去了方向感，只好忙于一系列收购。最终连自己的皇冠明珠贝尔实验室，也是全美国制造业和科技的皇冠明珠，也卖给了法国。

我最近跟中国企业家讲，判断中国经济是否真正变得强大，我只看一个标准，即看中国有哪一家企业能创办一个实验室，堪与美国贝尔实验室相提并论。AT&T 于 1909 年成立的贝尔实验室，在 100 多年时间里培养了 16 个诺贝尔奖得主。今天我们所谈的信息科技时代，信息科技时代的理论，软件到硬件，我不能说 100%，70%是贝尔实验室创造出来的。整个信息时代的基础理论“香农定律”是贝尔实验室的成果；今天我们所用的电脑 CPU 处理器芯片最早的起点是晶体管，是贝尔实验室的发明。今天中国仍然没有一家公司有电脑操作系统。今天中国有多少家公司拿钱去做研发的？有很多上市公司还没赚什么钱就去拼命地收购兼并，买银行、买证券公司、买保险公司、买信托公司，做房地产投机，做期货、做股票，中国经济堪忧啊！

美国为什么在过去这么多年创新如此厉害？上面讲到 AT&T 的衰落，这种衰落是个怎样的衰落？中国什么时候能够有“贝尔实验室”？还有可口可乐的衰落和 IBM 的迷失。郭士纳大名鼎鼎的 CEO，他一半靠电子工程，一半靠财务工程管理公司。郭士纳担任董事长期间，IBM 主要任务是改进数字而不是改进产品。IBM 从计算机领域的绝对老大逐渐衰落直至退出电脑领域。2005 年 IBM 将个人电脑业务卖给联想。1973—1987 年 IBM 员工获得了三次诺贝尔奖和四次图灵奖，之后再也没有了。他们一切为了市值和股价。基本方法大同小异：操纵财务数据，使数字好看，让华尔街分析师满意；收购兼并或拆分，迎合资本市场需要；削减研发成本和人工成本，提高每股盈利；放弃长远发展战略，追逐短期盈利和股价。我在书中也举了很多案例，美国世通公司和安然公司完全依靠编造财务报表操纵股价，最终崩溃破产，中国类似的例子很多。对全球金融资本主义需要进行反思。

市值固然有意义，但市值究竟代表什么？市值真的那么重要吗？今天有很多学术文章讨论市值管理，每个上市公司都有市值管理专家在管理市值。其实最重要的还是企业的产品和服务，是它创造了真正的财富和社会价值。

全球第一大汽车公司丰田 2016 年的销售额 2400 亿美元，利润是 190 亿美元，市值只有 170 亿美元。阿里巴巴 2016 年销售额 200 亿美元，利润 90 亿美元，市值已经达到 2600 亿美元。腾讯 2016 年销售额 220 亿美元，利润 60 亿美元，市值已经高达 2700 亿美元。全球最顶级的芯片制造商英特尔 2016 年的销售额 594 亿美元，利润 103 亿美元，市值也就 1700 亿美元。波音公司 2016 年销售额 945 亿美元，利润 49 亿美元，市值也就 1096 亿美元。我们是否应该用市值最大化作为企业的指导？把这个问题提出来，我也没有一个明确的答案，但总感觉我们已经失去了方向感。

市值和估值当然也有它正面的作用：为公司定价，便于融资，便于为高管或员工建立期权激励，便于公司之间的收购兼并。但我认为，根本上市值最大化的影响主要是负面的。

1. 它反映了金融市场对公司和实体经济的主导权。如今创业意义何在？创设一个商业模式，然后看其估值是多少，创办一年估值也没超过10倍，意味着创业失败了。看市值不是完全没有道理，但创业只是为了追求市值吗？

2. 它反映了完全自由资本主义竞争伦理对当代人类经济行为的影响。班农强烈反对自由资本主义，就是因为它追求竞争高于一切，价格高于一切。在美国有很多学者也在强调市场竞争和价格必须有伦理、价值观作为最后的底线。美国最有名的经济学大师弗兰克·奈，他有五个学生得诺贝尔奖，他自己没有得诺贝尔奖，因为诺贝尔奖设立之后的两三年他就去世了（1973年去世）。弗兰克·奈最有名的一篇文章即在探讨"竞争的伦理"，美国经济学者很少探讨这一问题。我们熟知《国富论》，但亚当·斯密写《国富论》之前写了一本叫《人类情操论》的书。在《人类情操论》最后一页，他预告写一本关于人类经济增长的书，但以《人类情操论》为写作前提。我们往往乐此不疲地讨论《国富论》中"看不见的手"，但却忽略了该书前面的内容。亚当·斯密并非主张看不见的手，而是完全自由竞争带来人类的福祉。

3. 它反映了当代经济学尤其是所谓市场有效假说对人类经济制度和经济行为的负面影响。虽然我是在西方受教育，但我认为当代经济学大部分都是有害的。我真的非常震惊，以芝加哥大学教授尤金·法玛为代表的有效市场假说竟然荣获诺贝尔经济学奖，虽然模型确实好看。美国经济学从思想上已经彻底瓦解了。遗憾的是，今天中国著名大学都由这些海归在主导。在中国杂志上发表文章不算，还需要在洋人杂志上发表文章才算。我们需建立文化自信。

4. 它从一个重要侧面反映了现代经济学理论脱离实际。从各国经济增长的历史经验来看斯密“看不见的手”，它并非推动和协调经济体系运行的主要机制，更不是唯一有效的机制。我对中国有些经济学者有市场原教旨主义的市场理论有点不太同意。

5. 美国首屈一指的企业史研究者阿尔弗雷德·钱德勒著名的《看得见的手》是研究企业学的学者必读的书。在他的著作里有令人信服的证明，19 世纪下半叶开始的美国管理革命主要是由看得见的手推动，“看不见的手”只是起辅助作用。看得见的手就是企业内部的行政协调或管理协调，以及企业和企业之间的长期合作关系。而当代经济学简单地将看得见的手理解为政府的干预和政府政策，这是不全面的。政府+市场关系只是其一。钱德勒意义的看得见的手和亚当·斯密意义的看不见的手之关系是其二。《清教徒的礼物》的作者说，所有经济学家都应该用心学习钱德勒《看得见的手》的八个命题，其中命题七告诉我们：职业管理者在制定决策时偏爱有利于企业长期稳定和发展的政策，而不是追求短期利益最大化的政策。经济学者效用最大化和利润最大化范式不仅误导了我们对人类经济体系演化真实过程的理解，而且误导了一些国家的经济政策。从利润最大化演变到市值最大化，则更是造成全球经济和各国经济的严重失衡。

保罗·萨缪尔森在诺贝尔奖的演讲中说，人类最大的问题是最大化问题。我认为稍微有点哲学思考的人都会认为这个话题很荒谬，但萨缪尔森在美国地位很高。

为什么中国的经济会出现这样的变化?

四、全球金融资本主义的危机和救赎

可以肯定地说，我们在很大程度上已经陷入了全面的危机。本文我探讨的是经济和金融的危机。同时，人类依然面临着资源和环境的危机，人文和社会的危机，地缘和政治的危机。每个时代的人都需要反思自己，特别是这一时代的我们。这四个危机不是只有美国存在，也不是只有欧洲存在，而是世界各地普遍存在。

全球金融资本主义的救赎，2008 年以来全球危机救赎的主要政策：

1. 从量化宽松货币政策到负利率货币政策；

2. 大规模增加财政赤字和债务杠杆；

3. 竞争性货币贬值；

4. 全球经济政策协调（G20）；

5. 创新驱动发展（中国提出的）；

6. 结构性改革。

虽然这些政策也起了一些作用，但仍然没有触及根本的层面。人们到这个时候总要回到马克思的理论。我认为马克思在《资本论》中对资本主义经济制度的批判基本是对的，但他的方案是错的。马克思用生命书写了这本书，这很不简单。马克思写《资本论》时，没有收入，没有工作，两个儿子和太太燕妮因为营养不良而去世，他也因为营养不良而去世。马克思的学术理想是非常伟大的，今天没有人能做到。他要解剖整个人类经济制度的内在规律，虽然有人不同意它的内在规律，但这并不能否认他伟大的学术理想。

20 世纪后各国对资本主义经济制度进行了“革命性”的修正，所谓混合经济制度成为资本主义经济制度的标准模式：

1. 充分就业、高福利、最低工资成为普遍的经济政策；

2. 税收占 GDP 之比一直稳步上升，国家税收成为调节收入分配的主要杠杆；

3. 期权制度的发明开始让知识和智慧具有与资本同等的收益权；

4. 全员持股制度的发明试图进一步努力实现劳动和资本的平等。

这一经济模式是我们救赎资本主义的关键话题。

20 世纪经济学对资本主义经济制度的各个方面进行了深入研究，然而对资本主义经济制度的分配方面，我认为缺乏真正的创见。

今天教科书上看到的分配理论，还是19世纪后期克拉克他们提出的“边际生产理论”。它看似很好，但其思想很荒谬。凯恩斯革命开启了混合经济制度。奈特和科斯开启的产权和交易费用经济学对私有产权的内在机制进行了全面系统透彻的研究。博弈论和信息经济学对市场竞争机制的每一个细节都做了深入研究。从价值上来说，我认为西方经济学还是有危害的，但我并不否认在以上几个方面对我们的启发。但他们的理论都无法解释收入差距和贫富悬殊日益扩大。大多数主流经济学者对此问题并不高度重视，因为他们相信市场竞争的结果就是好的，就是公平和公正的。这也是为什么法国年轻的学者皮凯蒂提出《21世纪资本论》，而引起轩然大波。

我前面提到，资本主义经济制度发生历史性变革的四大原因：

1. 人类货币制度的划时代变革；

2. 华盛顿共识的经济政策；

3. 信息科技；

4. 财富理念。

五、结语：人类能否设计出理想的经济制度？

把这些问题回答以后，我们救赎的方案也就出来了。可能有些人听了以后认为这是乌托邦的问题，但我认为学术上讨论不就是要讨论乌托邦吗？学者不能完全讨论纯粹现实的问题。我认为一个真正的学者应从具体的问题最终追问到超越的问题。我想这也是一个超越的问题——人类能够设计一个理想的经济制度吗？我认为，一个理想的经济制度应该满足以下条件：

1. 实现公平和效率的和谐与平衡。若想做到这点须调整产权制度和货币制度。

2. 实现人类财富创造和自然生态演化的和谐与平衡。人类不能靠掠夺自然来创造财富。经济学没有解决生态问题。经济学认为外部的资源是无穷无尽的，因为他们相信技术万能。

3. 实现人类自身之发展和人类科技创造物之增长之间的和谐与平衡。科技之进步需要以人类最高价值原则为指导。这个问题说来话长，今天人类已经开始在讨论这个问题，比如机器人、人工智能都是今天创业的风口。我们到底应不应该发展机器人，到底应不应该发展人工智能，到底应不应该发展基因？或者发展到什么样的程度？今天全人类面临另外一个大的问题是增长性失业。经济可能增长，但是失业率也会越来越大，因为机器替代人。马克思在写《资本论》里也提到“机器抢人的饭碗”。机器把人的饭碗抢走以后，效率会更高，创造财富更多。关键是设置什么机制解决被抢走饭碗的人的温饱问题。若让这些人既没有工作又吃不上饭，则这种社会并非我们所向往的社会。不仅不是，它还引发社会革命。

4. 宗教冲突或文明传统之历史症结必须得到化解。人类各民族应当真正化干戈为玉帛。

5. 最重要者，我认为，今天很多经济学理论以及社会学理论忽视了人的价值生命和自然生命是有区分的。人的价值生命和自然生命应当实现和谐与平衡。价值生命之原则应该成为人类一切生活的最高指导原则，乃至成为宇宙自然人类社会一切之最高指导原则。所有的伟大宗教，包括儒家、道家、佛教、基督教、伊斯兰教，这些宗教都有个共同的特征——从来没有认为追求物质财富是人的生命安顿之所，相反这些伟大的宗教一再告诫人类，对财富贪得无厌的追求终将毁灭人类。难道我们的经济学、金融学、社会学会可以背离这些基本原则吗？

我想这是我们需要真正思考的大问题。

我们谋求理想经济制度的可能途径有以下几种：

1. 需要重新深刻反思私有产权和市场竞争机制。我们究竟需要怎样的产权制度和市场竞争机制？中国的企业家也在这方面做了非常有意义的探索。任正非先生在华为这么多年，在制度上的创造值得我们思考。我可以非常肯定地说，华为是一家能够为人类贡献管理思想，贡献管理哲学的公司。任正非先生有其独特的经营风格：第一从来不引入外部投资者；第二从不考虑上市；第三从不参股金融机构，做任何的金融投机；第四从不投资房地产。华为完全符合《清教徒的礼物》这本书里讲的清教伦理资本主义企业，他的探索我认为是具有世界意义的。任正非先生在几次讲话里讲过，他设计的制度，要让劳动的收益高于资本的收益，至少要和资本有同等的收益。我们经济学家应该感到羞愧。我们通常按照“边际生产理论”分析相关问题，人们往往轻信它的正确性。马克思在《资本论》里探讨剩余价值是对的，人类未来制度的安排应当关注怎样实现劳动、智慧和资本、货币有同等的收益权甚至有更高的收益权，这一目标至今尚未实现，如今仍然以资本为主导。公司的董事，有几个是由员工来代表的？没有。我们这个制度安排有很大的问题。对华为这样已经有 10 万人持有股份的公司，比如公司法、上市法等能否让它以另外一种方式进入资本市场呢？我想所有这些制度都需要我们反思，有许多细节都值得探讨。

2. 人类货币制度和金融体系需要重建。

3. 技术万能主义也需要调节甚至遏制。

4. 人类的财富理念和基本价值观需要深刻变革。

为此，我们需要思考三个新的对话。我认为，中国的学者要担负起这个历史的责任：

东西方文明的新对话：应该融会中西，各取所长，构建人类新经济制度和新文明的新思想体系。我研究西方经济学已经有 30 多年了，我知道西方经济学的厉害之处在哪里，但我也知道它的缺陷。西方经济学的基本理论框架，基本理论内核方面有极其重大的缺陷。遗憾的是，我们今天并没有多少人在深刻地反思这一点。我们中华民族的文明，中华民族固有的渊博的哲学有它极其精彩的地方，不能弃之不顾。难道中国几百年前的文明没有可取的地方，能为未来人类文明提供借鉴吗？过去几年，我系统地对中国的哲学和西方进行比较研究，深深地感受到中西方新对话应该是当代学术担当起来的新的使命。

人与自然的新对话：我们要寻求人和自然和谐共存的新理念和新制度。这对中国尤其重要。环境污染、环境恶化可能是我们面临的最大、最现实的危机。

人与自身的新对话：找回人的价值生命之意义，重塑人的财富观。

第五篇
中国金融改革：一位监管者的感悟

蓟门法治金融论坛第33讲

时间：2017年4月20日

地点：中国政法大学蓟门桥校区科研楼二层报告厅

主持：刘纪鹏

主讲：蔡鄂生，银监会原副主席

点评：李小雪、贺强、白重恩、孔丹

互动提问

主持人荐语

刘纪鹏：金融体制改革是中国经济体制改革的攻坚战，包括两个重要环节：一是金融监管的组织体系如何重构，二是正确的金融监管政策怎样制定。在混业经营趋势下，如何重构“一行三会”之间的关系，实现有效的分工与协调是当下金融体制改革的重中之重。此外，金融市场究竟需要培养什么样的主体？中国至今仍以银行间接融资为主导，如何解决中小企业融资难和融资贵的问题？该不该大力发展民营中小股份制银行和非银行的金融机构？多年来，针对这些关键问题的探讨始终是以民间呼声为主，体制内声音并不多。蔡鄂生教授，拥有30多年央行要职和8年银监会副主席的丰富经历，这样一位注重理论联系实际的学者型官员，引领我们一窥中国金融改革的历史。

在今天这么强大的经济体下，到底该如何看待我国的金融生态和金融监管？这个问题不好讲，那么我就想结合个人经历，谈谈中国金融的发展过程，以及结合法律介绍我处理的一个案子。

从1975年到今年为止，我进入金融领域已满42年。1975年在中国，从事金融不如卖肉，金融在财贸系统排在最后。然而，金融今天的地位和40多年前相比，变化巨大。1975年4月，我复员以后分配工作，被分到中国人民银行北京分行海淀区办事处的计划信贷科，从此就进入了金融领域。但我当时除了知道存折外，对银行一无所知。我们被分配到银行也是时代的要求，因为1974年和1975年，银行缺乏现金管理人才。

1978年我到山西财经学院学习，毕业以后就分配到人民银行总行，在人民银行总行人事司工作了9个月后转到了现在所谓金融管理部门。1982年9月，中国人民银行把原来的体改办公室改为它的内部正式司局，叫金融行政管理司，它主要是负责行政审批的部门。而这个司随着改革开放开始行使职责，人民银行就开始有了央行的管理职能。因为当时人民银行既有发行货币的职能，也有工商管理的职能。

到什么时候才把金融行政管理司改掉的呢？直到1986年《银行管理暂行条例》颁布才彻底改掉。我当时在这个司的三处，三处是负责体制改革的，一处是管银行的，二处是管非银的，三处是管体改，就是负责所谓的体制创新的问题。同时还有个法规处，当时学法的人就在人民银行这个司里。从那儿开始了我们金融改革发展的历程。

1984 年城市改革以后就由人民银行专门行使中央银行的职责，因为当时随着城市改革，农行和建行恢复了，中行也单设了。当时叫商品经济的发展，这个改革实际在当时整个经济改革体制当中还有一个意义叫“政企分开”，最后定的调子叫人民银行专门行使中央银行职责，分设工商管理。因为当时还没有专门的法律，从那时候开始，法律规范的制定就提上了议事日程。但是在那个阶段要想制定像今天这样的法律，实际上是很难的。

1984 年之前体改办收集了很多资料，后来说要通过人大等法律程序，决定就用法规，于是就起草条例。1986 年 1 月，国务院正式颁布了《银行管理暂行条例》。《银行管理暂行条例》是我国第一部比较系统，针对中国金融业发展的法规。因为这部行政法规仅凭 63 个条文就将央行、专业银行、其他金融机构、信托公司都纳入到规范的对象中。这是改革开放后第一部金融领域的法规，它维持了将近 10 年，直到 1995 年，相继颁布了《人民银行法》和《商业银行法》。在这么长时间的过程中，就是靠改革的实践摸索制定后面的法律。

我们为什么要知道这段历史，因为任何问题都是有根源的，规律有根源，问题也有根源，我们可以通过这段发展历史找到问题的根源，才能更好地解决问题。

自 1982 年央行分设出商业银行时起，一直到 1995 年才形成中国的两部金融法律《中国人民银行法》和《商业银行法》。我们是在 1988 年着手制定这两部法律的，制定《人民银行法》的阻力没那么大；但当时为了制定《商业银行法》，光是为了“商业银行”为这个名字就讨论了很久。直到 1992 年小平南方视察，党的十四大提出要建立社会主义市场经济体制后，才不争论这个名字了。

《商业银行法》里有许多“国有银行”“股份制银行”“城市商业银行”

的表述方式，其中“国有”和“股份”“城市商业银行”这三个语词到底应该怎么理解呢？国有是成分，股份是讲公司的组成，现在国有银行也是上市公司，但我们为什么那么定？这都是值得思考的。发达国家是按照资本金的大与小来起名字的，他们讲大中小银行。在我们发展历程里确定这些东西，既要按照客观规律，也要立足中国国情，这是最根本的。中国特色社会主义市场经济不是光喊口号，必须由具有实际具体内容的实践来丰富。中国特色本身就是根据中国的文化、中国的发展制定适合中国道路、中国发展的体制。大家要从历史的发展过程来看我们走的每一步，制定是有背后的原因和基础的。

在制定央行法的过程中，起草小组专门请了国际货币基金的一个援助项目，专门讨论货币政策目标，究竟是采用单一目标还是多重目标。当时发达国家的央行法都采用单一目标，就是保持币值稳定。而我们考虑到中国的国情，采用多重目标，即稳定物价、充分就业、经济增长和国际收支平衡。我们从 2008 年金融危机中可以审视一下，其他国家央行采用单一目标是否可行。

大家现在关心外汇储备，那么央行的基础职能是什么？黄金、国家外汇储备、国库这三项业务到底是谁的？本质上来说都属于国家，央行只是管理者、受托管理国库，代理国库。最初外汇没有代理的概念，现在去查其他国家的央行法，外汇归央行管，在央行的资产负债里毫无疑问。但这里有个核心问题，外汇的亏损和盈利算谁的。我国现在都算在人民银行头上。而国外货币基金组织，外汇的损或者盈都是由国家担着，这在法律上和别人是有差异的。现在这个问题仍然可以研究，因为我们的体制不一样，所以在法律上面央行和财政的关系该如何界定？这与政策性银行的情况类似，从财政体制的角度看，我国的政策性银行是算总账，一年一结甚至有可能是几年一结，但是国外的政策性银行是项目算账，项目招标、市场化运作完了以后项目算账，这个项目完了再来解决亏损问题。但我们不可能这样按照每个项目来判断。如果说我们外汇储备的盈利和亏损都由国家承担的话，现在又是一个什么状况？但在我们这个体制下能不能这么定呢？可能当时由于国家财力不够，也不敢这么定吧。虽然我们的法律和其他国家的法律有很大的差异，但这种差异性并不能简单地理解为别人的法理怎么样、别人的经济怎么样，我们要考虑中国的实际情况，不能直接照搬别人的法律。

2011年人大就宣布中国特色社会主义法律体系已经形成。现在看，我们在法理方面的司法解释就非常多，所以有些案例和方案就要靠司法解释。以《信托法》为例，我认为《信托法》是这些法里最洋气的，或者说是与国外差异最小的一部法律，但这部法律并没有关于信托机构的具体规定，其主要是一部规范信托关系的法律，是个关系法。在发达国家和其他国家，信托是个基本的行为，不光是金融的行为，我委托你，是财产权的关系。

《信托法》出台后，到今天为止都尚未制定专门规范信托机构的金融管理条例，还是依靠低一个位阶的部门规章。当时说规范信托公司靠的是两个令，银监会和人民银行这两个令。

为什么说《信托法》也适用于银行？下面讲一个案子，1993年，也是金融大环境比较复杂的一年，首先是衡水的“4·12”票据诈骗案，涉案金额有200亿元人民币，因此成立了一个大专案组，但实际一分钱都没动；紧接着发生了北京沈太福集资案，金融环境越发混乱，由此使得人民银行由朱镕基副总理（时任）兼任行长。七月十几号刚一宣布，中国银行又出一大案叫“8·28”案，是8月28日立的案。澳大利亚当局给我们发来消息，他们发现中国的一个叫孙明的人给那边连续汇了很多钱。这时候到中国银行一查发现，是套取外汇案，由于当时还没有并轨，但汇报是有的，而且有额度限制。孙明是通过什么手法正儿八经利用这个额度套出1亿多美元的呢？其实他的做法很简单，到中国银行用假账骗取额度，在外管局那儿批完以后就把这个额度买回来，买回额度以后，利用额度和实际价值的差，以黑市的价格把额度卖出去，就把中国的外汇差赚走了。

因为孙明当时已经跑到美国去了，于是就刑事和民事的先后问题，请了一位顾问、大律师高宗泽，和美国那边律师协会也沟通过了。当时我们和公安部一块儿沟通情况，决定请美国希尔曼·斯特林律师事务所，因为当时说这家律所是做白领犯罪的，北大国家发展研究院杨壮的夫人当时就是这个律师事务所驻京代表处的头儿。当时美国大牌律师一小时要价 300 美元，这么高的价格最后我们也用了。美国律师来中国以后，发现他对我们这套体制一点都不明白，光额度就给他讲了三天。后来他好像知道是怎么回事了，我们说的额度不是钱，但在汇率和黑市，额度是有价值的。我们就拿这个和他讲，讲了半天，他应该是听明白了。然后根据这个情况来决定先民事后刑事，因为刑事一立案，民事就得停，所以先打民事案。因为当时给他们的酬劳是一小时 300 美元，他们很卖力。孙明当时有个科特迪瓦的名字，具体叫什么名字我记不清了，他用的这个国家的护照。这个案子最后美国法庭请了一位移民局律师，根据是孙明用科特迪瓦身份进入美国的所谓不合法性。因为中国的额度是有价值的，而且这个钱的所有权是国家的，等于他盗取了国家的东西。因此律师就用信托概念，再通过美国法庭上的快速审判程序解决了这个案子。这个律师比较厉害的地方在于，走正常的民事程序要 1—2 年，他根据情况启动了快速审判程序，大大缩短了时间。

那天律师还请我去了美国，如果快速审判程序通过，FBI（美国联邦调查局）立即就可以抓捕孙明。上午在加州法院律师简单陈述 15 分钟后，法官一敲法槌同意走快速审判程序。美国法律规定抓人不是哪儿都能抓的，抓人只能在他们家抓。他早上出去以后，直升机就跟着他转，最后看他回到家以后才行动。这个案子最后追回来大约 5000 万美元。当时银行不轻易给你汇钱的，没有孙明的签字几乎不可能。这个案子中间还套了一个

"1·9"案，也是跟孙明差不多的套取外汇额度的案子。就跟我们看《人民的名义》似的，有仨家伙在一家宾馆租了一间房，最后我们一查也套了不少钱。当时到他们办公室一抄，那天晚上真的是带着点钞机点的钱，那时候机器还没现在这样好。当时现场就有好几辆奔驰，现钞有差不多快上亿了，至少有几千万元人民币。

当时确实法律方面还存在不少问题，比如当时录音不能做，必须录像，而且律师要亲自会见在国内被关押的人。1993 年啊，容易吗？当时亲自把律师送到昌平监狱，将犯人提出来，让律师跟他谈。律师拿到第一手资料，将真实情况了解清楚以后，才能更好地运用他们国家的法律打好这个官司。这个案子仔细一琢磨其实是没有损失方，但名义上孙明这种行为是违反法律的。最关键的是这个人被移送回来审判没判死刑，判的是无期。

说一个感受，1997 年金融危机和现在金融危机的差异。

1997 年的金融危机，对于大银行来说肯定没什么。但是 1997 年，1998 年相继关闭了中融信和中创，以及一批信用社和一批商业银行。其中成都有个汇通城市信用社，当时这家信用社是作为改革开放的旗子办的，但不是人民银行办的，其负责人叫张炜。当时这家信用社的规模也就十几二十亿，但为了参与改制，处理这么一家小机构居然惊动了朱镕基总理（时任）。但该信用社负责人就是不听我们的建议，结果到了 1998 年或者 1999 年年初，资金链断了，这时候就只能关闭了。为了关闭这么一个小小的信用社，我 1999 年一年跑了九趟成都，就为了处理再贷款的问题。今天处理这样规模的信用社，根本不在话下，但在当时如何化解单体风险对我们来说还是个挑战。

海发行的情况也类似，1999 年跑了九趟成都，也跑了九趟海口。当时处理这两家金融机构费时费力，省长、省委书记、副省长、秘书长都在一起沟通。虽然我们今天不再惧怕处理单体机构的风险，但是现在的监管形势一样严峻，尤其是面对目前市场上的纷繁复杂的金融乱象。习近平总书记在中央财经领导小组第十五次会议上就强调，防控金融风险，要加快建立监管协调机制，要坚决治理市场乱象。如今的金融环境要比当时复杂得多，因为现在体量大，涉及的关系就相对复杂。要真出了一个问题怎么去处理？

特别是现在的金融监管，市场在不断发生变化，包括法律的出台都是跟着改革的实践和机构分税制来的。现在的市场到底发生多大变化？现在市场的概念，特别是并表，这个表到底并在谁那儿？现在三管、两管的，管完了以后发现都不在表内，全在表外。现在居然有这种产品在机构里倒来倒去，通过企业都转到表外去了。

特别是互联网金融的发展，创新谁也不否认，但创新和监管之间的关系到底应该如何处理？按道理来讲，虽然支付不像做房地产，但支付是金融领域最核心、最基础的东西，支付业务需要金融机构行政许可，可见实际上它就是有很多功能可以发挥的。蓄水池通过结算差一定会有沉淀，银行都有沉淀经营。你就不让它吸收存款？在支付功能上，为什么我们的P2P、互联网公司发展得比美国和英国快？这种情况下为什么它都能够存在？这都是现实问题，要再往回说，因为我们的经济发展是从高度的计划经济向社会主义商品经济或者有特色的市场经济发展的，我们没有地道的商票。20世纪80年代搞赊销预付，我们没有商业票据这种工具。二三十年代，国外银行的发展，所谓活期存款的发展就是商业票据的发展。那怎么办？企业没有自己的票据融资的手段，所有融资都得依靠银行。计划经济时代，银行有定额流动资金贷款和超定额流动资金贷款，即国家给企业拨点资本金，核定定额资本金部分，超定额部分由银行贷款，而且工业贷款和商业银行贷款也不一样。在那种特殊情况下，等于国家财力有限的情况下把发展的所有担子都压在银行身上了。这样银行就完全承担起了发展经济和为企业提供全部流动资金的功能。

现在我们很多企业真正的核心在哪儿？还是资本金。昨天有人给我讲了个故事，一个企业拿到棚改项目，开行已经同意给钱了，但真正提款的时候提不着，就差1000万元还是2000万元资本金，结果一个互联网公司就把钱贷给这家企业了，只贷20天，等那家企业款到手以后就把钱还回去了。那家互联网公司这20天赚的钱折成年化大致10%—12%的利息。现在仍然有这种行为存在。银行的审批程序极为烦琐，先别说贷不着的，就讲贷得着的，还有中间20天左右审批程序，甚至更长。昨天聊天的一个人，他说我就干这20天的买卖，这叫“过桥”。银行过桥就是所谓互联网金融过桥。现在自媒体这么发达，几乎很难有系统性风险。局部事件对于整个社会稳中求进发展到底有什么影响，对市场秩序到底有什么影响？我们的监管部门之间到底该怎么协调？特别是在货币政策下，监管部门应该怎么做？关于这些问题的思考越来越多了。大家看着这些事件，很多都已经有结论了，但反过来看，涉及多部门监管事件时，在确定责任时怎么确定？倘若事件发生在我管的领域的话，从我的情感上来讲，即使它可能真的有问题，但我也尽量要把问题说得少一点。

现在的问题是，不光很多东西要符合我们的法律和法规，而且还会上升到更高层次，比如宝万之争的讨论最后就讨论到人身上去了。要说这里头没有问题，可能该事件单纯程序上没问题，但程序上没问题就不处理了吗？要说处理又怎么处理呢？有什么依据来处理呢？那不就是摆在面前的问题。明摆的，这个事件的影响这么大，不解决这个事情是不可能的，但究竟怎么解决？这是2015年年初发生的，中间这一年多时间，不断地停牌，到了去年，总算有眉目了。但都是看到结果才知道有了眉目，这个过程给大家什么启示？这些机构到底违反了什么？或者说导致出现这个行为的原因是什么？

我们分析问题就得这么分析，把这个东西扒了皮一层层说。我们中国银行的文化就是“三铁文化”：铁制度、铁算盘、铁账本。制度管人的操作，算盘现在就是互联网平台了，铁账就是得真，不能做假账。当时朱镕基总理最痛恨做假账，所以他到国家会计学院题词叫“不做假账”。“三铁文化”落后吗？银行里的人只有树立“三铁”观念：墙上的制度规章那个是铁的，咱不能碰；铁算盘操作是技能，不能马虎；不做假账，这样才能做好岗位工作。

为什么很多事物能够应运而生，其实都是实践当中需要或者是法律的要求，市场上需要专业的人才提供专业的服务。现在市场经济发展到金融占到经济很大的比重。遇到问题，有人说是市场竞争不充分，还有人说是因为竞争太充分了，现在某一个事件上这种冲突的观点太多了。总书记在哲学社会科学工作座谈会的讲话中说，主流和非主流都存在的情况下，我们怎么能够把马列主义，特别是中国学派研究清楚；总书记也说，这个时代正是产生中国学派和中国真正的社科新理论的好时代。要产生中国学派，得按总书记说的要具有问题导向的意识，问题是创新的前提。分析一个事件，不能简单地看是赔了赚了，得往回看。像马克思一样回到价值，回到问题的根源。写巨著和理论或者是哲学思想也是这样的，要从现实世界找到根的东西，然后再通过逻辑推理，结合中国实践展开。所以，我们监管有责任问题，也有治理乱象问题，最主要的问题是监管本身对监管者来说是责任，但也是一种服务的责任，绝对不能简单地对比成监管与被监管的概念。从这个角度上来讲是监管与被监管，另一方面不禁要问商业银行的基本职责是什么？金融机构的社会责任是什么？金融机构的职责，按我的理解，最基本的社会责任就是把这个机构干好，机构不赔钱，职工不失业。只有企业先尽到自己的最基础的社会责任，把自己的事情办好了，才有能力去尽其他社会责任。基本责任都做不到，谈何社会责任。

点　评

孔丹：您从监管角度评价一下中信信托？

蔡鄂生：中信信托是盈利大户，虽然最近中信信托在转型发展过程中遇到一些问题，但在我离开领导岗位之前它一直是行业领头的。我参加中信基金会年会的时候，发现有一个青年研究员很厉害，他指出奥巴马执政期间发行的钞票是历届的总和。在那天的小组讨论中，中化公司地质总工程师在全球化的背景下认真研究了特朗普亚洲问题中心，发表了一个看法：有个智库给特朗普呈交了四十几页分析中国问题的材料，虽然中国的能源储量比美国高，但是中国能源不独立，现在美国在能源方面已经成为第二大出口国。

刘纪鹏：现在购买理财产品是有风险的，银行承诺固定收益的做法，实际上法律是不允许的，倘若购买理财产品发生损失，那么责任该由谁承担？或者您认为购买理财产品应该注意什么？

蔡鄂生：你问得太笼统，“理财”这俩字得放到产品上，究竟是银行的理财产品还是信托的理财产品；是投行的理财产品，还是私募的理财产品；是万能险理财产品，还是互联网上所谓的财富理财产品。

刘纪鹏：我国金融发展经历了三阶段，首先是财政金融，在改革开放以前，中国没有商业银行，只有人民银行，这一时期，银行与其说是金融企业，不如说是财政的一级机构，主要承担财政出纳的功能；改革开放之后就进入货币金融时代，以商业银行间接融资为主，现在货币金融在大多数国家基本都是夕阳产业；证券交易所成立之后就进入资本金融时代了，资本金融是现代金融的标志，主要表现为在资本市场直接融资，美国股票融资就占到了资本市场融资的70%—80%。

李小雪：蔡教授经历了金融改革以及金融监管改革的整个历程，是一位历史见证人，我也从中学到了很多关于金融改革宏观方面的知识。整个经济体制改革是一个大过程，金融改革是其中重要的一部分，证券改革又是金融改革里面的一个重要组成部分，是这样一个递进的层次。蔡教授从整体宏观上把这个关系讲清楚了。

蔡教授讲的某些内容也启发了我的思考，比如法律里的信托关系，据我所知，中国证监会有个基金部专管基金，并且我国《信托法》和基金里所涉及的信托关系是早于民商事信托关系的。相反，世界上其他国家通常情况下是先有民商事信托关系，而金融机构的保险、基金信托关系是后来衍生出来的。我们的次序是倒过来的，因此我们具有自己的一些特点。

比如在上市公司里，董事会和股东是什么关系？其实这就涉及一个最基本的信托关系。但我们理解的时候不能把它说成信托关系，为什么呢？因为我们理解的信托关系是金融机构的信托，而不是一般民商事的信托。我们表达的时候会有所不同，这就说明，我们的法律改革是紧紧跟随着整个经济体制改革的过程，也是不断演进的。在演进的过程中，确实要践行中国道路，坚持实事求是。为什么？我们的历程不一样，经历不一样，自然法规和一部分规则也与世界上其他国家有所不同，里面有共性的一面，也有特色的一面，把这个关系处理好非常重要。

蔡教授刚才提到再贷款的问题，我对此深有感触。我在2000—2003年受命处置证券公司的金融风险。2003年、2004年，我国投资者为了经营的方便把钱存在证券公司，而证券公司是否允许动用、挪用这笔钱用于它认为有用的投资？众所周知，证券公司从事的是证券市场经营活动，投资者在证券公司开户是通过它们来进行交易。谁是行家？不言而喻，证券公司是最行家的，它有队伍、有信息、有渠道。证券公司是对证券市场非常了解的金融机构，对吗？一般是对的，特殊情况下是不对的。证券公司认为自己是行家，这个钱闲着也是闲着，用它来炒作股票应该是最大赢家。此前法规没有限制之前，证券公司挪用客户保证金是普遍现象。

挪用到了什么地步呢？我们整个证券公司所有资本金在2000年是400亿元，挪用额就超过了600亿元。一般情况下证券公司是行家，但有一般就会有特殊，倘若证券公司对证券市场的大势判断错了，那么后面一系列交易就会发生透支。这相当于一个恶性循环，证券公司挪用客户资金买了股票，股票下跌了，怎么办？那就再追加一部分钱，因为既然股票跌了，证券公司赌它升，会再加一部分钱买。再买又跌了，证券公司就被套住了，那现在就要想办法解套。而现在证券公司在经营上是亏损的，其本能地加大赌注，再投钱进去。但当时股市连续四年下跌，超过了所有证券公司的预期。所以，挪用客户保证金这似乎是个法律关系，因为客户保证金不是你的钱，不像银行里可以借贷的钱，而仅仅是委托存在你这儿的钱，钱的所有权是投资者的，使用权也是投资者的，不允许你挪用的。然而当时监管没有核查手段，证券公司挪用我们也不知道。我们当时不断地查证券公司的账，但证券公司可以到银行借笔钱做过路，你一来查，钱都在，你刚走钱又还回去了，典型的拆东墙补西墙。所以，我们核查的手段跟不上证券公司的操作。在这种情况下，累积性风险就变成另外一个非常严重的风险，即证券公司全行业破产。把证券公司的负债减去资本金为负就面临全行业破产。这时，一旦投资者得知这种情况，就会立刻开始采取行动——提取，这个提取就相当于银行的挤兑一样，如果证券公司抽不出钱来，证券公司马上就会爆仓，它必须把所有的股票卖掉，以便兑付。而卖掉所有股票的行动，会加速股市价格的下跌，证券公司有挪用行为的人都会受牵连。

这时候必须采取一些果断的行动。实际上，证监会当时在国务院的领导下采取了坚决的行动，包括动用关闭、破产、行政性接管等一系列手段。但是这个时候慢打不了快，爆仓是即时发生的，而实施这一系列行动需要周期，周期还没结束，这时老百姓的挤提和市场的动荡就先发生了。所以，必须有一笔钱，在投资者有需要时，先行兑付投资者，回头再处理证券公司。这笔钱从哪儿来呢？向央行借，叫“央行的再贷款”。但《中国人民银行法》规定央行的再贷款对象仅限于商业银行，不包括证券公司。这个问题在2008年金融危机时美国也遇到了，原先高盛、摩根士丹利都不叫银行，后来都改名为银行了，这是为什么？因为向美联储借钱叫再贷款，再贷款对象仅限于银行，所以为了符合银行法的规定必须再戴一顶银行的帽子。我们在央行的支持下以及国务院的领导下，直接扩大了央行的再贷款范围，使证券公司相关联的证券市场的崩盘得到遏制，然后再采取整肃行动。当时市场上有120多家证券公司，我们连关带破产就解决了30家，还处理了包括证券公司高管在内的几百号人，损失可谓惨重。

最近一次证券公司类似的风险处置是在2015年，但基本上没有证券公司破产，这说明上一次金融风险给它上了很好的一课。而且在法律规制方面，立法部门很快就进行了修订，才使得这一次不再重蹈错误。我们的发展是历经风险的，是不断有坎坷的，但只要我们善于学习，善于总结，也包括法律工作者在内能及时跟上，我们可以不再犯同样的错误，这也会使我们的事业在将来走得更加平坦和顺畅。

贺强：刚才蔡主席做的报告，使我感觉到蔡主席不仅是中国金融改革的一个见证者，而且他用他的毕生感悟了中国金融改革的历史。我经常在课堂上对同学们讲，学习历史是非常重要的。不懂中国经济的历史就不懂中国经济的现在，不懂中国股市的历史也不可能懂中国股市的现在。现在我要加上一句，不懂中国金融改革的历史也不可能懂中国现在金融发展的状况。

蔡主席在整个讲述过程中不仅仅在讲历史，其中很多观点都值得我们深思。比如一开始介绍了中国金融体系建立之初的历史，1986年以前，很多年轻人不知道中国银行只有一家——中国人民银行，它什么都干，也很有存在感。后来才独立出来一个中央银行，它下面是商业银行，出现了猫与鼠的关系。蔡主席介绍这段历史时，他讲了当时的艰难性，比如商业银行起“商业”二字的名字都要争论半天。所以我再重复一遍蔡主席的话，他说“中国市场经济不是喊出来的，是有背后的原因和基础的”。接着他介绍了中国金融法律建立的历史，中国金融法律现在形成相对完整的体系，可以说也是来之不易的。蔡主席讲了1995年《商业银行法》的产生过程，虽然他当时过多强调的是中外的差异，但我本人知道，1995 年的这个法律是中国金融体系从自然而然的混业经营、混业管理走向分业经营、分业管理的标志。1995 年的《商业银行法》，其中有一条规定商业银行不能买卖股票，这一条非常重要。

蔡主席介绍了金融改革过程中出现的一系列金融案件以及处理的过程。产生的这些案件和案例，说明了在金融改革过程中，由于我们不熟悉、不成熟，所以才会在金融领域出现很多漏洞，但出现漏洞、出现问题并不可怕，我们要想办法积极地弥补，积极地处理。所以，我们中国金融的改革，它不是那么容易的，它是充满了风险，充满了艰辛，一步一步才走到今天的。

另外，蔡主席讲到了金融风险的问题，他说和 1997 年产生金融风险时相比，现在我们通过长期的金融改革，条件比那时候好了，我们的体量大了，有信心了，也有能力了。而现在的问题是，我们的金融风险越来越复杂，甚至有些东西转来转去都变成了表外。现在金融改革过程中，很多金融问题错综复杂，比如现在飞单的问题，有些商业银行营业部的某些工作人员卖了不属于他们银行营业部的理财产品，最后兑付出现了问题，产生了风险。现在像这种飞单的风险不断地暴露，说实在的，这种飞单盘根错节，非常复杂。这不是银行本身的问题，这里面还涉及基金，甚至在几个金融机构发行的理财，其中还会涉及证券、保险等，它们表面看起来非常简单，但实际非常复杂。

对这些复杂的问题如何处理？确实值得研究。蔡主席不仅讲到了自己的感悟，现在和过去有什么区别，有什么不同，最后还讲到了他的思考。蔡主席提到了互联网金融的发展，大家知道，互联网金融的发展跟我们银行体系也经常出现摩擦，出现一些问题，形成了许多新的关系，这时候该如何处理，这确实非常值得思考。但是我对互联网金融也非常关注，我一直在想，现在互联网金融，比如蚂蚁金服发展得风生水起，这么有实力的银行当时为什么不开拓这些业务，发展这些业务，反而被马云抢占了先机呢？这到底是怎么回事？蔡主席强调了我们企业没有自己的票据手段，所以发展的所有单子全押给了银行，这个演化的过程，企业的核心是资本金的问题，他说的这些问题到底是怎么形成的，到底怎么解决？确实也值得思考。

他讲了一个我认为非常重要的名句“现在要考虑政策下人的行为变化”，这个确实值得考虑。我相信现在在座的各位可能都看了热播的连续剧《人民的名义》，那里很多很有水平的干部，本来也是为党为公的，但在新的政策环境下，为什么人的行为会发生变化，最后走上违法犯罪的道路？最后，我记住了蔡主席的一个观点，他强调监管本身是一种责任，但这是一种服务责任。这句话也值得各位思考。

白重恩：金融与实体经济必然要发生关系，而我国的实体经济中存在很多问题。我想就实体经济中的一个问题来谈谈金融监管在这个问题上可能会遭遇的困难，以及和金融监管相关的一些情况。

我想讲的问题是“僵尸企业”的问题。因为我们的实体经济中确实存在一些“僵尸企业”，这些企业面临着产能过剩的问题并且持续存在。尽管有些企业已经长期不盈利，它们的产品在市场上需求量不大，但它们仍然持续地产出，因此造成产能过剩。去年和今年政府都在尽量地削减产能过剩，但产能过剩到底是怎么形成的？“减产”有什么好的办法吗？这可能就与金融有关。“僵尸企业”长期不盈利，为什么还能生存下来？如果我们的金融机构、金融市场停止给它提供资金，这些“僵尸企业”可能很早就退出市场了。之所以这能够长期在市场上苟延残喘，一定是有某些人，或者是我们的地方政府，或者是金融机构，或者是其他的组织，给它持续地提供资金，持续地给它“输血”，这些“僵尸企业”才能持续地存活。

这是金融监管出了问题才导致金融机构持续地给它输血吗？可能一定程度上是这样。下面我给大家报告一个关于日本“僵尸企业”的研究发现。其实日本经济也有这样的问题，它们的“僵尸企业”存在了很久，所以有的人认为日本“失去的20年”和它长期不快速地处理“僵尸企业”有一定的关系。日本的发现是什么呢？如果一家金融机构面临着监管的红线，比如对金融机构有资本充足率的要求，而这家银行的资本充足率正好在监管红线附近，这时候这家银行是没有精力来处置“僵尸企业”的。如果它给“僵尸企业”断贷，这笔贷款就会变成不良贷款，而要核销不良贷款就会消耗银行资本金，一旦消耗资本金，资本充足率就掉到红线以下，这样就不能满足监管红线的要求。在这种情况下，为了避免掉到监管红线之下，为了避免出现资本金不足的情况，金融机构就会隐瞒坏账，继续给这个“僵尸企业”输血。这就给我们金融监管带来挑战，我们该怎样处理这样的问题？

我没有答案。当然有一个办法就是让金融机构资本充足率充分，使它没有掉下去的风险。但监管上有没有更好的应对方式？这可能需要监管部门深思熟虑。

在日本，财团下面会有各种各样的企业，有的是金融企业，有的是非金融企业，经常发现一家银行和它贷款的那家企业属于同一个财团。日本的研究发现，当这家“僵尸企业”和银行属于同一个财团，这时这家银行会倾向于持续地给“僵尸企业”输血，因为它们有一个共同的老板。但是财团决策者所做的决策对整个财团整体利益不一定都是好的，可能“僵尸企业”的形成与其过去的决策有关，财团决策者为了隐瞒过去决策的错误就不断要求下属的金融机构来帮助它掩盖过去的错误。这对我们也很有借鉴意义。当银行的所有者有自己的利益时，不断地给“僵尸企业”输血，一定会给银行其他利益相关者带来损失。这又是金融监管面临的一个巨大挑战。

同时日本的研究发现，当社会或政府对金融机构提出很高的承担社会责任的要求时，往往这家银行就会持续地给“僵尸企业”输血。因为假如一家“僵尸企业”快要破产，任其关闭，那么大量员工就会面临失业。为了维护社会稳定，我们希望这家企业能够持续经营，倘若把这样的社会责任加诸银行，那么银行就只能持续地给“僵尸企业”输血。那么到底该由谁来承担这个社会责任比较合理？是银行抑或是财政？比如“僵尸企业”倒闭了，大批职工下岗，职工的下岗安置费用谁来承担？由财政来承担吗？还是干脆回避问题，让银行继续给它贷款，这样就不会有人失业了。但原本“僵尸企业”的产能就已经过剩，这些本该下岗的职工对于企业来说也是过剩的劳动力资源。我们可以试着比较一下，由财政承担这样的社会责任，和金融机构来承担这样的社会责任分别有哪些利弊。比如金融机构通过继续“输血”来承担这个社会责任，这很显然治标不治本。就像刚才说的，因为企业不倒闭，职工生产出来的东西也卖不掉，所以职工也就在那儿闲着，这就造成劳动力资源的浪费。同时“僵尸企业”的存在，对其他生产同类产品的企业是一种恶性的竞争威胁，使得其他的企业无法有效扩大再生产，这是由银行来承担社会责任带来的问题。

银行承担这样的社会责任，其带来的风险往往具有迟滞性。银行持续给“僵尸企业”贷款，是不是意味着银行马上就面临风险呢？不一定，它往往要经过一段时间以后才会出现风险，所以在潜伏期内风险被隐瞒了。而由财政承担责任，企业存续无望关闭以后，企业职工的安置费用由财政来承担。去年财政部门设了1000亿元安置基金来处置“僵尸企业”破产过程中职工的安置问题，这样做的坏处是财政要掏钱，好处是一家不能再持续生存下去的企业被清除出场，所有财政出的钱在明处。

当我们面临着金融和实体之间的交集时，尤其是当我们要考虑“僵尸企业”到底为什么存在以及如何处置时，金融部门其实在中间起到很大的作用。有时候和监管有关，有时候和所有者的要求有关，有时候和承担社会责任的压力有关。我们如何更好地处理这几方面的问题，使得我们的经济运行更加有效是我们特别需要关注的。

孔丹：我先说说今天的感想，我作为被监管者也有所感悟。早期我从事金融业，当时我内心将监管机构和从业者之间的关系定性为猫鼠关系。监管机构是猫，我们是鼠，我们要时刻小心防止被它抓住、被它惩罚。我现在回过头来看，其实我们是分工不分家的。正如王岐山同志所讲，共产党和政府之间是分工不分家，我们和监管者也是分工不分家，是兄弟关系。只不过我们的职务岗位不一样，他们在监管者的岗位，我们在从业者、被监管者的岗位。刚才讲到证券业2003年那次危机，信托业也经历了危机，当时中国信托业创造了全世界一个非常不好的纪录，即赖账。银行业差不多在那个时期做了一次严格监管以后，发现整个中国银行业可能面临技术性破产。其实我国早就开始对银行业做了各种处理，比如成立四个资产管理公司，我们以为在朱镕基总理（时任）的铁腕下解决了，但实际上，后来的改革成本高达7000亿元到10000亿元。同时期我们也加紧进行处理，比如中信银行这家小银行有600多亿元资产，但不良贷款就有200多亿元，账面净资产是60多亿元，属于典型技术性破产。

最后，作为一个受监管者，我认为我们与监管者必须结成一个紧密的为国家、为民族、为人民的利益共同努力的兄弟关系，而不是猫鼠关系。

互动提问

问：现在互联网上出现了借贷宝，蔡主席对借贷宝平台的监管有何建议？

问：邓小平同志在改革开放之初说了很多话，比如对“包产到户”，邓小平说不合法的东西先看看，如果哪一天看了合适的话，之后就把它合法化。对新事物他是这么处理的，您作为改革开放过程的经历者，能否从微观角度介绍一下小平同志说的“不合法就把它合法化，杀出一条血路，允许犯错误”的看法。

蔡鄂生：小平同志说不合法就让它合法。小平时代是什么时候？那是改革开放初期，是拨乱反正的时代。我们站在现阶段去反思过去，要结合当时的社会背景，历史地看问题。至于借贷宝我没接触过，不能对它发表看法，我若是凭印象发表看法是不负责的。借贷宝、P2P、互联网金融这些新事物在当今迅速发展的时代中，肯定会遭遇各种各样的问题，这是新生事物必经的过程。现在实际上最关键的问题就是我们的思维方式，若真想达到解放思想，没有转换思维方式，光看结果是没有用的，不能仅仅根据是否赚钱来判断事物。作为我们每个人来讲，认识事物要求具有对事物的判断能力，而不是简单地说两句就完了。认识事物是一个艰苦的工作，这个过程需要克服各种各样的障碍。

问：我看到一个相关数据，说是支付宝每秒钟高峰期流量是 12 万元，这也给金融监管提出问题。请问对于第三方支付企业，国家的政策会是什么样的？金融科技国家会怎样支持和发展以应对全球的变化？

蔡鄂生：你的两个问题是问国家怎么办。我们必须实事求是，不能光找结论。就好比要实现伟大的中国梦，这是一条漫长的道路。第一个百年目标摆在我们面前，就有很多实际问题亟须解决，不要以为我们第一个百年目标已经稳操胜券了。国家对新兴事物的政策，必须结合既有的具体问题，然后通过具体问题找到解决问题的途径，以及以后的发展方向，而不是简单在这儿找结论。如果国家政策变了和你的发展路径不一致了怎么办？

第六篇
在企业探索改革开放的道路

蓟门法治金融论坛第34讲

时间：2017年4月26日

地点：中国政法大学蓟门桥校区科研楼二层报告厅

主持：刘纪鹏

主讲：孔丹，中信改革发展研究基金会理事长

点评：安民、韩毓海、李小雪、杨帆

互动提问

主持人荐语

刘纪鹏：中国改革开放之后两个最重要的金融综合集团就是中信和光大，孔丹作为金融大家，在光大担任了16年的总经理，在中信担任了8年的董事长，可以说是中国改革开放以来金融行业发展的见证者和参与者。孔丹的一生，如果用六个字概括就是“苦难”、“灿烂”和“平淡”。这一生的经历不仅仅包括了法律和金融的内容，同时也囊括了他博闻广识的丰富阅历，更重要的是

这一段历史能够带给我们的启发。

孔丹在政治上具有非同寻常的宏观视野，在金融上又是我国首屈一指的金融大家，其对于中国变革的理解自然更为深刻和透彻。“半生长卷已斑斓，更有殊才上笔端。最是较真终不改，难得本色任天然”，这是马凯副总理在孔丹生日时赠予他的一首诗。蓟门法治金融论坛第 34 讲，将由“难得本色任天然”的孔丹以口述的方式，娓娓道来他对于中国变革的人生体验。

领导致辞

时建中：孔丹理事长的人生经历非常丰富，是一个不仅过去有故事，而且时至今日故事依然精彩的人。若要以几个关键词来概括孔丹理事长的一生，不同的人可能有不同的表达，而我概括的 12 个字是“强烈反差、巨大成功、深度思考”。

改革开放的时候，孔丹理事长刚刚 30 岁出头，完整经历了改革开放之前的中国社会。到了 30 岁的时候，既有激情也有理性地参与到了改革开放的进程中来。在这个过程中，经历了我国翻天覆地的变化，这种反差当然是强烈的。孔丹理事长有过知青的经历，在政府部门，甚至不同行业都工作过。在这些工作领域中，孔丹理事长不仅作为我国改革开放进程的亲历者，同时也是实践者和思考者，在这几个方面都取得了“巨大成功”。中信集团是改革的先行者、试验田，在改革开放各个方面取得了瞩目的成绩。在整个改革开放进程中，中信不仅总结了自身改革开放的经验，而且凝练出影响中国改革开放的思想。作为中信集团以前的领导，孔丹理事长毫无疑问是这些经验和思想的探索者、催生者，这也是我所说的“深度思考”关键词的体现。

如果用一个词来概括中国政法大学，那就是“又红又专”，而孔丹理事长又是一位“又红又专”的前辈。一个又红又专的人在一所又红又专的大学来口述中国严格的人生体验，这是多么令人期待，接下来请各位以最热烈掌声来欢迎并感谢孔丹理事长。

面对人生关键的抉择，当时的北京市委书记段君毅同志曾让我去海淀区任副区长，提拔至正处级。上海的几位领导和我很熟悉，他们也需要年轻人，希望我去做经委副主任。中信的荣毅仁和光大的王光英也邀请我。我思索一番后，还是决定去探索改革开放的道路，从此算起我在企业任职了接近30年。

一、光大改革案例

我在光大任职16年有几个事情值得回顾。我在光大是“四朝元老”，光大第一任董事长王光英，第二任是耀邦同志的夫人李昭，第三任1984年邱晴任董事长，第四任换到朱小华当董事长时，我开始担任总经理。刘明康当董事长时，我也担任总经理。

金融改革中信托业首当其冲，过量的资金投入到信托业建立很多的信托投资公司，范围遍布各省各地。光大是其中之一，中信也是，我到中信任职以后反复推敲过这个概念，至今对其性质仍未有清晰的了解，但可以肯定的是它和融资、投资有关系。

光大公司中有个负责外汇期货业务的人员叫王亚克，他于1995年一次损失了4000万美元，受此损失心有不甘想要挽回，结果又损失了4000万美元，总计8000万美元。类似的例子在巴林银行发生过，李森的一本名为

《我如何弄垮巴林银行》对此进行了详细描述，而他的失误与李森如出一辙。

此事发生后，邱晴董事长要求我去了解一下情况，并在三个月之后向她报告，我在一个月后就对此事进行了详细的报告。对光大而言8000万美元损失不要紧，问题在于光大信托持有140亿元人民币的高息资金，按照当时人民币利率折合22亿—24亿美元。这140亿元人民币的资金每年需要支付的利息就达22亿—24亿元人民币。另外还有7亿美元左右，利率为12%的资金，每年的利息达8000万美元，折合约5亿元人民币。二者合计每年成本支出二十七八亿元人民币。而所谓的盈利方式就是将钱给办事处，由办事处记成返还的收益，但实际上根本就没有收益。当时我就表示“邱晴同志，出大事儿了，这个公司是这样的危险，按这样的速度，这几年400亿—500亿元基本亏光，当时中国金融业这样的亏损很惊人”，在对光大进一步了解之后，我发现这样的情况比比皆是，当时的报告只是一个触发器，启动了对这些亏损业务的清肃。

对于此事我们到国务院向李岚清报告，中信和光大两家原来张劲夫主管的企业转由他主管。报告完之后，李岚清同志表示他对于这个问题没有解决办法，如果需要资金，他就将这个问题转给镕基同志解决。当时镕基同志刚刚从人民银行行长的职位离任，于是李岚清同志打电话给戴相龙，要求他来管理此事。朱镕基同志接管此事后先做了人事调整，邱晴在向中央递交的报告中说“我难辞其咎，要承担责任”，镕基同志也就免除了邱晴的职务。

在研究方案的过程中，当时人民银行副行长戴相龙同志刚接任不久，因此他请三个司长谢平、肖钢、蔡鄂生跟我谈话，汇报之后戴相龙同志很清楚此事就是做假账。1996年夏天，当时镕基同志要求我要帮助朱小华妥善解决问题。此后在北戴河和国务院常务会议汇报时，主要也是由我对当时情况进行汇报。在顶着压力将情况汇报完后，镕基同志再一次向我确认了损失的金额，并强调如果数字有错误，我要负全部责任。我的回答是，损失只可能更多，数据如果出任何问题由我承担责任。镕基同志立即致电李鹏同志，先一步将王亚克抓起来。当时抓人没有现在这么谨慎，一个电话的工夫，王亚克马上就被控制了起来。第二天汇报提出的基本方案是先将高息资金偿还，转由人民银行对光大再贷款进行缓冲。

最后由工、农、中、建四家银行每家提供20亿元，人民银行提供60亿元，用于偿付，而这些资金都视作光大的债务，与解决前相比利息降低了，损失也相应有所下降。流动性问题可以通过再贷款解决，但损益的问题无法解决，已经受到的损失必须通过营业利润收回。从四大行和央行借款140亿元，还清了高息资金，但当银行要求还款时，光大实质上无力归还。此事的当事人都清楚，140亿元的资金借给光大之后归还的可能性很小，基本上属于有去无回。即使我也无法妥善解决这个问题，这些资金在盈亏损益表上都有明确记载，具体的损失已经发生，必须通过盈利才能挽回。

事实上当时全国国际信托投资公司都存在赖账行为，拖欠资金的状况极其严重，很多外资企业因此受损，包括大连国际、信托、日本企业。当时在广国投也存在赖账的情况，全国范围内只有中信公司不存在赖账，其根本原因在于中信没有选择高息揽存。面对高息的理财产品，投资者必须谨慎小心，过高的利息往往是不现实的。

此后光大报证监会批准在海外上市，能走上健康的发展道路殊为不易。企业家在回顾往事时往往会回顾自己“过五关斩六将”的故事，我的经历则有所不同，实质上属于“斩麦城”，但这些经历在我国金融改革的过程中也至关重要。

二、中信改革案例

我在中信的经历中有两个案例记忆深刻，第一个是中信银行的改组上市。中国的银行业发展非常曲折和艰难，镕基同志负责金融业时，曾经从四大资产公司剥离了 1.4 万亿元不良资产转而交给中信。2003—2007 年中信基本实现了对中国银行业整体的改造，改造成本以万亿元计。中信通过自费改革，用增加资本金的方式解决了这个问题。改革起步时，中信银行总资产大概六七百亿元人民币，其中不良资产就占 300 亿元。尽管如此，中信绝对不可能出现类似于光大的事件，原因就在于中信踏实的特点。

此后视察深圳时，深圳分行的行长向我报告，深圳分行的不良资产有 100 多亿元。我的第一反应是位数说错了，光一个深圳分行的不良资产不可能那么多。但事实就是如此，全行总资产 300 亿出头，其中的拨备和坏账总量达 200 亿元之多，账面净资产总共不过 60 多个亿，这就是所谓的“技术性破产”。一家投行曾经指出中国银行业整体处于“技术性破产”的状态，因此中信不能照抄其他银行的模式，必须采用一种简单的模式解决问题。经过政府强烈的干预、介入、组织、实施，最终这个难题得到了解决。现在的工、农、中、建四大行全球盈利能力位居前列，但彼时和现在相比困难重重。

改革开放不是一帆风顺的，除了政商问题的爆发，改革中仍然危机不断。因此政府必须有为，只有将政府和市场结合起来，才能实现良性发展。如果没有政府这只看得见的手起作用，金融业自主发展的风险极大。1998 年亚洲金融危机爆发，经过 2003—2007 年，我国的大银行基本实现了上市，资产和管理状况良好，但 2008 年全球金融危机再度爆发。在这个过程中，中国金融业离不开国家的管理、治理，国家的作用绝不仅仅是实现了从计划经济转向市场经济的简单转变，对金融而言也作用极大。中央的提法是“国家治理体系和治理能力现代化”，这是改革方向的根本。

在信托业改革中，我们做了大量的重组工作。国企改革我也亲身经历了，镕基同志主导的第一轮改革影响很大，社会负面反应也很强烈，这个过程中银行业、证券业出现了很多的问题。一个典型的例子就是“中信泰富危机”，在金融机构发展状况良好时，衍生产品的出现对中信造成了极大的影响。当时中信下属的中信泰富公司，英文名称 Accumulator，在衍生品交易中损失约 154 亿元港币。经过调研，我们采取了一篮子方案来解决这个问题。

一是母公司中信集团按照每 1 澳元对应 0.7 美元的比例承接 2/3 的合约。当时的汇率如果是 6.1 中信就能获利 2 亿港币，如果是 6.9 则亏损 2 亿港币。这实质上就是赌博，但在当时也是不得已而为之。二是向中信泰富注资 15 亿美元，按照 8 港币的价格买入，当时中信泰富的市价是 4 港币，净资产 16 港币。8 港币买入市价 4 港币的股份，中间获利 4 港币。而以 8 港币买入净资产 16 港币的股份，中间也获利 8 港币。正因如此，这个方案获得了很多小股东的赞同，经过了投票和争论最终付诸实施。通过这个方案中信实现“弯道超车，逆风飞扬，打了一个大胜仗”。15 亿美元的注资将中信泰富的价格恢复到 13、14 港币，无论是按市场价格计算还是按净资产计算，中信都获利不菲。这个过程中澳元的汇率至关重要，一度十分紧张，降至 0.62、0.64。我和常振明两人早上一见面的话题就是澳元的汇率“昨天晚上没睡好觉，又往下掉了”，这个过程中汇率每降低 0.1，中信的损失就多达 20 亿港币。我将此事向王岐山同志汇报时，办公室对面就是当时的国务委员马凯同志。马凯同志和我在门口碰面时也问起此事，“哎，今天汇率转成 0.71 元了”，“哎呀，你心里还挂念着我们哪”，“哎呀，怕你们有事儿”。

总结而言，我一生没有什么特别大的本事，都是通过自己的努力争取所得。这之中也包括领导的支持和理解，否则以中信当时的情况，追责在所难免。好在后来损失及时挽回了。当然其中也有市场帮忙，市场预期在此事中发挥了很大的作用。当时整个市场开始转好，投资气氛有所改善，因此产生了对澳元走强的预期。这对于我来说也是命运使然，当时的方案事实上就是一种赌博，一旦澳元走弱中信就会受到巨额损失。这些合约和一般的期货完全不一样，没有止损点，如同黑箱一样，打开不知道是什么东西。大势上扬时每一单300万美元，甚至不用投资就可以获利，但如果受损也没有底限，只能通过公式进行具体的计算。从整体而言，在这一危机的解决中中信获利几十亿元，进而使得中信那一年第一次进入500强，当时第451位，去年中信已经上升到156位了，连续多年入榜。

这些就是我的个人经历，通过自己的努力、领导的关心和一些运气，渡过了许多风险和难关。

三、新时代重新出发

中华民族伟大复兴的第一个阶段是2012—2021年，这个阶段中党的十八大、十九大两届会议需要完成的是第一个百年目标。

我于2012年退休，2013年由于社会上出现了很多舆论、理论战线上的乱象，我也和很多领导同志谈过个人感想，最近《人民的名义》里沙书记说过一句话“现在收拾世道人心还来得及”，这话我也说过。在64、65岁时我又被卷入了时代要求我们做的事情当中，即中信改革发展研究基金会的组建。此时的我是“偏师”，这个词出自毛泽东的诗词，1930年所作的《蝶恋花》:“六月天兵征腐恶，万丈长缨要把鲲鹏缚。赣水那边红一角，偏师借重黄公略。百万工农齐踊跃，席卷江西直捣湘和鄂。国际悲歌歌一曲，狂飙为我从天落。”所谓“偏师”是指主力部队的侧翼，符合兵法上奇正相生的道理。当时由黄公略从白云山突击，从而获得了战役的胜利。现在改革的主力军是国家，而作为偏师的中信也必须做出我们的努力。

在基金会的组建过程中我们组织了一批学术队伍，包括115名咨询委员和115名青年学术会员。总共开展了128个课题、创建国家智库试点、在两年间举办了49次学术活动。此外还通过办经济导刊发出正面的声音，该刊已经出版了38期，获得了中央领导多次批示。另外，我们也推动知识的传播，举办系列讲座“中信大讲堂”。去年红军长征胜利80周年，我们也对胡说、歪说、历史虚无主义进行了一定的批判。

此外我们也出版了《中国道路》丛书，加强正面力量的基础理论建设，目前已经出版了5本书，将来希望能出版系列丛书。除了中国道路之外，我们也发展中国学派，以中国为出发点、为归依，总结中国的思维、气派、表达方式、话语，而不是言必称诺贝尔。中国取得如今的成就，不是世界上任何其他国家可以做到的。改革中我所做的一些事情不是仅仅依靠个人之力，而是依赖于中国改革开放机制和体制，仅凭一人之力无法解决如此重大的危机。而中国学派最早的创始人是毛主席，其后邓小平等也为中国学派的发展做出了贡献。国际上现在也存在很多学派，而在第四个新的历史时期，我们也正在为发展中国学派而努力。

"一入党门终不改，莫忘初心在这边"，这是我对自己作为一个70岁老人的一点激励。退休以后再看辛弃疾的诗：

醉里挑灯看剑，梦回吹角连营。八百里分麾下炙，五十弦翻塞外声。
沙场秋点兵。马作的卢飞快，弓如霹雳弦惊。
了却君王天下事，赢得生前身后名，
可怜白发生。

关键倒不在于赢得功名，而是要为了了却人民的天下事做出我们的努力。生命不息，奋斗不止，本以为退休之后能够过自己的生活，现实让我重新卷入理论路线的斗争之中。

点　评

安民：孔丹是勤耕耘、知进退的人，以70岁高龄重新组建中信基金会。他不愿意看到国家很多负面的东西继续发展，希望通过自己创建中信基金会来改变。70岁高龄的他已经功成业就，但他还奋斗在改革的一线，就是因为不肯放弃本真和家国情怀，这才是中国所需要的人。身处逆境时心怀本真，不断努力最终成为充实和各方面品质优秀的人，这样的人才是我国的精英、脊梁和各个阶层工作的支柱。国家今后需要依靠80后、90后，需要这样的人才来完成中华民族伟大复兴的业绩。

最后从孔丹人身经历中可以对自己的人生进行反思。当前中国周边环境并不稳定，台湾问题尚未解决，这些都是真实存在的问题。如此次香港特首选举，曾俊华的背后就是汇丰银行。香港特区的大多数资产都在汇丰银行，包括预算、财政资金，因此汇丰自然希望下一任特首能够维护它的利益。除此之外，中国周围还有很多不稳定因素，所谓的改革不是简单的市场经济。如果不实事求是，却希望把西方的东西引进中国直接运用，结局注定失败。中国有中国的国情，不可能照搬西方国家的发展路线。因此国家需要千千万万孔丹这样的人，在社会各个层级、部门都起到顶梁柱的作用。

以上是孔丹的描述给我的启发，应当从孔丹身上吸取其优秀的品质，从而为中国的改革做出相应的贡献。

韩毓海：孔总个人的历史和党的历史、国家的历史是完全一致的，可以说他家的成功和胜利就是党和国家的成功与胜利，他家的挫折也是党和国家的挫折。孔总是江西萍乡人，共产党领导最早的工人运动就发生在安源，孔总的父亲也就是那个时候参加了安源矿工俱乐部，参加了八一南昌起义。1927年之后，党的临时中央在1936年期间主要设在上海，其中工作时间最长的就是孔总的父亲孔原同志。他曾经担任过中央组织部部长，并在1936年的最后一个阶段担任上海临时中央的负责人。当时在陕北存在着两股红军，一股就是陕北特委，还有一股是陕甘边特委，这两股红军分别为刘志丹、高岗部队，孔总的父亲在北方局工作时促成他们联合起来，使得红军能够胜利长征到达陕北根据地，对中国革命找到新的落脚点和出发点做出了重要的贡献。

孔总有个特点就是老实，有时也爱自谦或开玩笑。从他的文字和形象，尤其是孔总的眼睛当中，可以看到宽容和善良。有时候错误的批评和指责都接受，进而对自己产生怀疑，连孔总的对手、坏人都会被这种宽容和善良打动。这样的社会里，孔总的思想、才华和宽容有时候反而会使自己处于不利的境地。

岳麓书院有副对联："是非审之于己，毁誉听之于人，得失安之于数，陟岳麓峰头，朗月清风，太极悠然可会；君亲恩何以酬，民物命何以立，圣贤道何以传，登赫曦台上，衡云湘水，斯文定有攸归。"一如孔总。

李小雪：孔丹在光大16年，中信国际16年，离职时交出了一份成绩表，对工作生涯最后五年中信公司的复合增长率进行了统计。成绩表中每一年和前一年环比总资产净增百分之二十几，净利润增长51%。此事实为不易，孔丹经历了风风雨雨，最后交出了一份优秀的成绩表。

王亚克到光大以后灰飞烟灭几亿元，朱小华的"金手指"损失巨大，当时很多人都存在赖账的情况，最后的结果只能是赚钱来补损。但光大的关键在于始终没有自己的主业和战略，金融市场的衍生产品是高风险的，转瞬间100亿元就灰飞烟灭了。这和战争是相似的，战争失败后人心就散了，收不回来了。小平同志说抗日战争最担心的是放羊，兵败如山倒的时候，谁都收不住羊群。光大的这些案例中当事人的想法是好的，但是太想取得业绩和翻本，最后的结果是灰飞烟灭。这个时候至关重要的就是"实事求是"。举例而言，农村的铡草机一旦手卷进去胳膊顺着就也卷进去了，这时候最重要的事儿就是断臂，必须当机立断才是最大的实事求是。当然面对危险应当事先有所预见和防范，人立于危墙之下，面对危险的事儿不能自取灭亡。不可预知的风险不出现自然最好，一旦遇到也应当实事求是地寻求解决方法。实际上，孔丹继任时王亚克已经精神恍惚、损失巨大，此时最应该做的就是像孔丹一般实事求是地寻求解决办法。这是对我而言最大的教益和感动。

杨帆：希望孔丹师兄能再进一步阐述一下自己对中国道路这个问题的想法。

孔丹：关于中国道路的问题就是我们基金会正在做的事情。“坚持实事求是，践行中国道路”，就是要把中国特色社会主义道路作为根本来坚持，这中间当然会有很多斗争和复杂的过程。改革开放的以来，我国经历了很多挫折和艰难，可以说是步履维艰、踉踉跄跄、跌跌撞撞走了过来。但驻足回首，当今中国已经是第二大经济体了，不能用所谓“完美”来要求我们改革开放的发展历程。

现在中国处于新的历史起点，根据习近平同志的说法，党的十八大以来的历史时期经历了“具有许多新的历史特点的伟大斗争”。比如曾经在改革开放初期提出的人均 GDP 翻两番和“三步走”的说法，改革开放以来中国实现了从人均年收入 200 多美元到上世纪 800—1000 美元的水平，完成了相应的目标。小平同志提出要在 21 世纪用 30—50 年达到中等发达国家水平，人均 GDP 目标为 4000 美元。但当今中国的人均 GDP 已经达到了 8000 美元，这不应当是中国的终极目标。

改革开放过程中小康的概念理解问题一直存在，实质上小康是来自中国的《大学》大道之行里讲的目标“大同”“小康”。彼时的说法是“贫穷不是社会主义”，所以要将发展生产力放在首位。在新的历史时期，追求共同富裕、消除两极分化已经成为新的历史特点和建设小康社会根本目标之一。习近平同志的改革如同弹钢琴一般具有两个特点，一是节奏快，在改革的过程中分秒必争；二是曲调难，尽管改革存在着相当的难度，但还是在快速地推动。新的历史时期不是因为党的十八大而开始，而是基于新的历史特点，才形成了新的、伟大的历史斗争。

我不希望当代大学生跟我们一样，这是不可能的。但我希望年轻人应当使自己融入所生活的时代、社会环境、历史阶段，不只享受社会发展成果，更要为社会发展做出贡献。

互动提问

问：您认为今天的西方会不会一天天衰落下去，中国的道路是不是应当自信？

孔丹：有些同志看问题的想法相对简单化，作为马克思主义者，共产党人肯定相信资本主义制度从政治、经济、价值观等方面而言是有严重的问题。当今资本主义国家遇到了重重的困难，民粹主义、民族主义目前的泛起其实是资本主义内部最基本矛盾的反映。上升期产生非常伟大的政治家是可能的，但在这样的时期痛下决心走向社会主义道路是相对困难的。

资本主义遇到了严重挑战，同时社会主义道路也在经历很多困难，社会主义与资本主义实质上正在比赛。

问：第一个问题是，党的十八届三中全会以后，大家对改革有着很高的预期，您认为国企将会发挥什么样的作用？第二个问题是您这代人和80后相比，除了苦难之外有没有幸运，比如有些经历是后辈无法体会的，同时对于后辈有没有什么见解或勉励的话说？

孔丹：对于党的十八届三中全会的改革，应当从正确的角度进行理解。我国从计划经济走来，应当进一步向市场经济转变。党的十八届三中全会提出进一步发挥市场和政府的作用，这两点密不可分，应当将有为的政府、有效的市场和有序的社会结合起来进行理解。总的而言，党的十八届三中全会不是对进一步市场化的简单表达，而是要将国家治理体系和治理能力实现现代化。

新自由主义始终把他们的“药方”开给老百姓，同时也向决策者提出建议。对于我国存在的环境保护、贫富分化、发展的挑战等很多问题，有一些人的解决思路是简单的“进一步市场化”或者说“极端市场化”。1997年香港回归，至今近20年增长能力明显下降了，据经济学家分析原因仍在于“壁垒没有清楚”，“自由化程度不高”。中国已经对市场自由化做出了很多努力，这之中包括安民部长主持的CEPA[①]。内地的经济在20年间实现了高速增长，中资企业在香港地区数量绝对超过50%，而香港本地经济则相对薄弱得多。但部分经济学家对此视而不见，始终迷信放任自由的市场经济和政府不干预才是改革的真正方向。如今中国正在推动进一步改革，香港应当抓住机遇，才能实现更好的发展。

总体而言，改革的方向不是"市场化"所能说明的，而要将市场和政府的作用结合理解。

对青年人的期许方面，实质上每一代人都有自己的际遇和机缘，今天的时代就是青年人的际遇和机缘。在新的历史时期，你们和我们相比有更好的奋斗环境和生活条件。有些同事羡慕我进过监狱、插过队，这是不正确的逻辑。真正的逻辑应当是，在一个伟大的时代，不论你在哪个领域学习和工作，都可以发挥自己的力量。在这个过程中可能一开始不得不为个人的生计努力，但只有先求生存才能后谋发展。青年人应当向这个社会做出自己的贡献，而不只是从这个社会分享。

---

① CEPA（Closer Economic Partnership Arrangement），即《关于建立更紧密经贸关系的安排》。

第七篇

“十三五”规划和中国经济发展的阶段性转换

蓟门法治金融论坛第35讲

时间：2017年5月10日

地点：中国政法大学蓟门桥校区科研楼二层报告厅

主持：刘纪鹏

主讲：邵宁，全国人大财经委副主任委员

点评：杨凯生、赵小刚、李曙光、孔丹

互动提问

主持人荐语

刘纪鹏：正值习近平总书记莅临我校，中国政法大学接受了总书记交给我们的重大任务——如何使中国特色社会主义法律体系落到实处。这一任务也是贯彻国资改革、金融和法治的主线。如何落实“十三五”规划，实现中国经济发展的阶段性转换是我们国家面临的重要问题。本期蓟门法治金融论坛邀请到的主讲嘉宾，是一位长期在国资改革和发展主管部门担任领导职务的邵宁副主任。邵宁副主任毕业于清华大学机电系，所以对企业、工业都非常熟悉。邵宁副主任的演讲题目是《“十三五”规划和中国经济发展的阶段性转换》，在这个话题中有两个问题最重要，一是金融话题，二是国资改革。这两个话题均在公平效率方面把法律推向前面。因此，本期论坛将会是国资改革与金融、法治交融的视听盛宴，邵主任的报告具有重要的现实意义。

今天我讲的题目是《"十三五"规划和中国经济发展的阶段性转换》。这是一个发展问题而非改革问题。2016年年初,《中华人民共和国国民经济和社会发展第十三个五年规划纲要》(以下简称《"十三五"规划纲要》)正式发布,这是指导我国经济社会发展的一个重要的指导文件。之所以重要,在于"十三五"时期的特殊重要性。

一、"十三五"时期将是中国经济发展阶段性转换的重要时期

改革开放以来,中国经济实现了连续30年的高增长,成为世界经济发展史上的一个奇迹,以至于很多人都要总结"中国模式"。但从"十二五"开始,我国的经济增长速度开始下降,大概呈现出这样的状态:2010年,也就是"十一五"最后一年,GDP年均增长速度为10.6%;2011年降到9.5%,2012年7.7%、2013年7.7%、2014年7.3%、2015年6.9%、2016年6.7%。所以,"十二五"期间我国经济增长处于下行过程中,而且伴随着大量的企业困难。虽然政府在全力扩大投资,启动内需,但下行的趋势并没有真正改变。中国经济的前景到底怎么样,就看"十三五"。经济下行趋势的扭转成为核心的问题。如果下行趋势能够扭转的话,我们能保持不太低的增长速度,比如"十三五"时期保持GDP年均6.5%的增长速度,到了"十四五"中期,我国就有可能进入高收入国家行列。世界银行

对高收入国家的底线是人均 11905 美元，我国目前与此相差并不是太远。如果下行趋势不能扭转的话，中国经济增长持续下行，我们就进入所谓的中等收入陷阱。这是我们所不希望的。到底结果怎样，就看“十三五”，所以它是非常关键的时期。

二、《“十三五”规划纲要》的核心内容

《“十三五”规划纲要》内容很丰富，20 篇将近 10 万字，关键词是保持经济的中高速增长、GDP 年均增长速度不低于 6.5%。我们可以用三句话对这个文件进行深度概括：

第一，“十三五”期间，我国经济发展核心问题是保持经济中高速发展，全面建成小康社会，GDP 年均增长速度要高于 6.5%，基础是创新驱动。

第二，实现目标的关键是供给侧结构性改革，使供给更加符合需求，更加具有活力。

第三，在经济增长过程中，要确保资源的保护和人民群众的分享保障。

保持经济中高速增长成为“十三五”时期中国经济社会核心性指标，这在七八年之前是不可想象的。因为在七八年之前，中国经济处于高速增长时期，当时速度不是问题，我们不怕速度低，而是怕速度过高、过热，怕通货膨胀。

三、“十三五”时期我国经济发展的背景

（一）改革开放以来我国经济高速发展的原因

我们要理解“十三五”时期中国经济发展的环境，需要对前一时期的经济高增长有深刻的认识。中国 30 年的高速增长是怎么实现的？大致是四

个因素在支撑：

1. 规模巨大且长期处于结构性短缺的国内市场

中国高速增长是从短缺经济起步的。随着居民收入水平的提高，消费热点的产生此起彼伏，国内市场长期存在着没有被满足的部分。这种结构性短缺，对于消费者而言是有钱可能买不到东西，对相关产业而言，它是发展非常好的机会。这是长期处于结构性短缺的国内市场所造成的局面。

2. 高储蓄率

高的储蓄率是华人的特点和传统所决定的。中国人崇尚节俭，不愿意负债，所以有句老话“无债一身轻”。所以，中国人的储蓄倾向非常高，即使在美国这样低储蓄率的国家，华人也是高储蓄率族群。根据世界银行和国际货币基金组织的计算，中国在改革初期，国民储蓄率就高于30%，2000年左右超过40%，2008年超过50%，目前仍然在50%以上，远远高于全球25%的平均储蓄率，大概居于全球最高。这一点对一个国家的发展非常重要，因为它是国内资本积累的来源，可以支持高的储蓄率就可以支持高的投资，同时可以支持高的增长。

3. 借鉴国外的技术来源

光有钱是形不成产业的，资本+技术才能形成产业。在我国经济高增长时期，我们的技术起点很低，中外产业差距很大，所以当时我们需要购买国外成熟甚至过时的技术。而从国外买到我们所适用的技术又十分容易，这使我国新产业发展形成非常快。我们节省了自主研发所需要的时间，也避免了研发风险和失败的概率。一旦我们市场形成直接引进技术、引进产品、引进生产线的流程，就可以形成我们自己的产业。

4. 低要素成本

低成本是中国企业和产业的优势，主要是人工成本和环境成本。低成本是一种非常特殊的竞争优势，竞争对手既难以抗衡也难以仿效。我们的竞争对手即使知道你是靠低成本、低价格和他们竞争，也束手无策，因为他们没有办法把成本压到中国企业那么低。所以，建筑在低成本基础上的企业和产业竞争力以及市场争夺能力是非常强的。那时，不管国内市场还是国际市场，只要中国企业能做得和国外企业一样好的，国外企业基本都要退出，因为他们没有办法和我们的低成本竞争，除非通过搞贸易摩擦。所以，中国这些年遇到的贸易摩擦最多，反倾销、反补贴最多。国外企业为了保护自己的产业，只好通过贸易手段将我国企业拒之门外。

我们前30年高速增长基本是这四个因素支撑起来的。这四个因素之中，除了高储蓄率之外，都是“穷”的因素或者是后发优势，是赶超的因素。四个因素结合在一起，恰恰构成了制造业发展的条件。所以，中国成为一个制造业大国不是偶然事件。前30年的发展中，中国主导产业的循环是这样的：一是收入提高，市场形成；二是国内储蓄和国外技术相结合，马上形成新的产业；三是依靠广大的国内市场，我们的产业和企业可以发展到很大的规模；四是一旦国内市场饱和，我们的企业就开始外向型发展，利用我们的低成本优势去占领国际市场。

（二）改革开放以来中国产业发展的进程

1. 我国产业发展的历程

具体讲，实际这30年的高速增长时期，中国产业经过四波发展过程。

第一波：1979年至1984年，以轻纺工业为主产业群。

1979年改革开放刚刚开始，那时候我们还处于凭票供应的阶段，有钱买不到东西。而且这时候我国出台了两个措施，把市场短缺人为地加重了。改革开放之后，我们大幅度地提高农产品的收购价格，农民就相对富裕了；同时，我们给城市居民涨过一次工资，当时叫“还欠账”，城市居民也比较有钱了，但那时候大家还是有钱买不到东西。这一状态说明了这个产业市场的形成。所以1979年至1984年是中国轻纺工业大发展的时期。这五年间，轻工业平均年增长速度为12.8%，重工业是7.1%，这是中国轻重工业差距最大的一个时期。

1984 年前后，中国日用品市场短缺就消除了。我们取消了凭票供应，市场开始逐渐饱和。从此，中国轻纺工业开始外向型发展，利用低成本优势挤占国际市场。当时，我们把东亚其他国家和地区的轻纺工业统统挤垮，使中国成为轻纺工业的出口大国。我们现在仍然是一个轻纺工业出口大国，但成本的上升导致现在后劲有点不足。

第二波：1985 年至 1990 年，以家电业为主的产业群。

这是我国产业发展的黄金时期。日用品消费满足之后，我国居民消费开始升级，紧跟着是家电的兴起。1985 年至 1990 年是家电从无到有大发展时期，彩电、冰箱、洗衣机的产量呈现十倍甚至几十倍的增长，技术来源是什么呢？都是引进。从家电产业开始，我们逐步引进技术。据统计，当时我国进口了 113 条彩电生产线，八十几条冰箱生产线还有几十条的洗衣机生产线，快速地形成了自己的家电产业。到 20 世纪 90 年代初，国内家电市场开始饱和。当时的情况是，家电的城镇普及率已经很高，农村市场却跟不上。在这种情况下，我们的家电产业又开始外向型发展，利用低成本优势挤占国际市场，使中国成为一个家电的出口大国。我们现在仍然是个家电出口大国，当然在家电出口过程中，我们遇到了很多贸易摩擦，因为其他国家同类产业很难承受得住来自中国的竞争压力。

第三波：1990 年至 2000 年，以基础设施和基础工业为代表的重化工业产业群。

进入 20 世纪 90 年代之后，居民消费热点开始分散化，汽车和住房成为继家电后的热门产业。但那时候汽车和住房都算几十万元级消费，没有形成市场。于是，消费热点开始分散化，如交通、教育、电脑等。但当时基础设施、基础原材料的瓶颈非常突出。因为前几年，我们的重化工发展也比较慢，已经难以支持轻纺和家电产业的高速发展。所以，20 世纪 90 年代初，我们的交通紧张，能源紧张，通信紧张，原材料紧张。这就为重化工业发展提供了非常重要的市场环境。所以，整个 20 世纪 90 年代是中国基础设施、基础工业，也就是重化工业发展最快的时期，通信热、电厂热、港口热、公路热、机场热等带动一系列重化工业发展。与大家关系密切的通信业为例，当时装电话非常难，在北京交 5000 元初装费都要等半年。整个 20 世纪 90 年代是中国通信产业发展最快的时期。

1990 年至 2000 年，中国长话交换机容量增长 34 倍，局域交换机容量增长 14 倍，移动交换机容量增长 2000 多倍。但技术来源仍然是引进的。当时有个说法，我们引进的是“七国八制”，意思是说，国务院担心中国通信市场形成万国制式的市场，七个国家引入了八种制式。到 2000 年左右，国内通信业增长开始趋缓，华为、中兴这样的企业已经羽翼丰满，就开始向海外发展，依然是利用我们的成本优势占据了相当大的国际市场份额。当然，这些通信企业进入美国都遇到困难了，比如贸易摩擦、贸易保护。

第四波：2000 年至今，以住房和汽车为中端的产业群。

1995 年，中国汽车市场发展成熟，成为中国汽车和房地产发展最快的十几年，中国迅速成为世界上最大的汽车市场，也成为世界上最大的建筑工地，但是技术仍然是依靠引进。这一次发展带动的产业很多，尤其是汽车工业，它是个综合性的工业，带动力非常强。和前几轮引进所不同的是，这次引进汽车技术的时候我们被附加条件了：国外的汽车技术并没有转给中国企业，而是转给了合资企业。同时，合资企业技术的 50% 是由外部控制，它的技术只能用于自己的品牌，而且产品不能出口。按道理讲，中国现在的汽车工业是供过于求，市场完全饱和，应该大踏步地开始走向国际市场，占据国际市场。但现在看，问题没有那么简单。我们真正出口的都是那些没有合资的企业所生产的产品，也就是只有民族品牌可以出口。但不可否认的是，这些没有合资的企业相对而言处于汽车工业的中低端，市场主力的汽车公司基本都合资了。合资以后，产品出口就受到上述限制。所以，自主技术短板造成了现在我们走向国际市场非常困难。

（三）我国产业发展过程中的政府介入

住房和汽车市场的形成，说明中国与世界产业前沿比较接近。发达国家比如美国仍然是住房和汽车等实物的主要消费市场，分析美国的消费者信息指数时，汽车、住房消费增长都是非常重要的指标。所以，我们比较接近于世界产业前沿，但在高增长过程中，我们也有三次因为经济增长速度偏低，政府需要采取扩大内需的政策。

这30年间，我国的经济并非平稳地增长，内部也是有周期的。有时候因为经济增长速度偏低，政府采取扩大内需的政策，刺激经济增长。曾经有过三次：第一次是1989年，当时继家电之后没有新的消费热点出现，我们还被制裁了；第二次是1998年，当时住房和汽车市场还没有形成，同时我们赶上了亚洲金融危机；第三次是2008年，世界金融危机，政府采取的措施是扩大财政支出，投资基础设施，带动经济增长。

回顾经济增长，我们大概可以得出两个结论：

第一个结论，我国经济高速增长的必然性和合理性基础是市场和产业的相互促进。从市场的角度讲，国内消费市场是一个消费热点接着一个消费热点，市场规模不断地扩张，市场的层次在不断地上升。随着新的市场形成，国内储蓄和国外技术结合，通过直接购买国外的技术，我国的新产业发展得非常快，产业结构不断升级。市场在前面带动，新产业在后面支撑，它自然是高速增长的。这30年我们的国民经济存在一种内在的上行趋势。

第二个结论，经济增长的内涵是产业结构的升级。中国30年的经济高增长不仅是一个产业层面上，主导产业已经上了好几个台阶。结构升级是原因、是基础，经济增长是结果。如果这个过程中，中国的主导产业升级停顿了，比如在家电之后，没有新的产业出现，中国经济发展早就停滞了，因为原有产业不可能有那么大的市场。中国的经济之所以保持了30年高增长，是因为我们的主导产业在30年的过程中不断升级。

这个结论我们也可以用另外一种方式表述，就是今后若干年，如果想保持中国经济的持续发展，就必须实现中国产业结构的继续升级。如果没有新的产业结构升级，靠原有产业，经济发展也会马上进入停滞状态。因为结构升级是经济进一步增长的基础。

30年的高增长，使人民的生活水平得到了提升，中国的国际经济地位实现了飞跃。我们从一个低收入国家，发展到了一个中上等收入国家的水平。所以，这30年的高增长是个非常成功的实践。

（四）我国的经济增长呈现出阶段性的特征

我们也要看到，我国的这种发展方式实际上具有阶段性特征，是不可持续的。这30年来，我们过度地依靠低成本和外部技术，这在特定阶段是可以的，但不可能永远如此。因为随着人民生活水平的提高，对于环保要求的提高，一个国家不可能长期地保持低成本，大国也不可能靠别人的技术实现自己的现代化。

我国的经济增长呈现出阶段性的特征在中国经济持续30年高增长之后，几个重要的支撑性因素正在发生变化，或者已经发生了变化。

1. 中国要素成本快速上升

实际这几年我们经过了两个拐点：

一是人工成本拐点。中国大体上维持了将近30年的低人工成本，这是有国情因素的。一般东亚国家和地区都有一个低成本、高增长时期，基本上在12年上下，没有一个国家超过15年的。中国维持了将近30年的低人工成本，这是国情决定的。中国是人口大国，农村剩余劳动力过多，而且地区经济发展差异非常大。原先珠三角、长三角劳动力价格提高之后，打工仔、打工妹从贵州、四川、重庆千里迢迢来到珠三角、长三角，压低了当地的人工成本，这是非常特殊的国情。

人工成本和劳动力价格变化有个特点，供过于求时，人工成本和劳动成本可以长时间压住不动，反正有别人愿意干；一旦供求平衡或供不应求时，用工成本就会快速上升，呈现出所谓的发展经济学家讲的“刘易斯拐点”。我国经历这个拐点的时间大概是2009年前后，市场上的劳动力价格大幅度上升。从宏观上讲，我国的劳动力占总人口比重恰恰在2009年、2010年达到一个顶峰，之后开始进入老龄社会，比重开始下降。

二是环境的拐点。长期污染没有得到有效治理，甚至积累到令人窒息的程度。不管是直接投资治理污染，还是遇到重大活动限制企业的生产，实际都是环境成本的代价，这个成本上升非常之快。同时，农产品、水资源、土地成本都在上升。所以，中国的成本优势已经被大大削弱了。

这两个拐点造成了我国经济支撑性要素的第一个变化，那就是成本优势被削弱，要素成本快速上升。它对经济发展的影响是什么？

第一，所有靠成本取得优势的产业和企业竞争力都在下降。这不是某一个企业的个别现象，而是对市场的全面影响。所有取得成本优势和产业优势的企业竞争力都在下降，有些还转移到了要素成本更低的地方。

第二，导致产能过剩。因为我们现在的产能基本上是在低成本时期形成的，因此其规模非常大。这造成了我们有非常严重的重复建设问题，因此，产能过剩是必然的。

第三，农产品价格大幅上升，要素成本尤其是人工成本的上升必然会推动农产品生产成本的上升，实际上，这对经济的发展也有很大的影响。

2. 国外技术来源开始出现变化

就以前我国主要是靠引进技术，技术产业差距比较大。起初，我国引进的是他国成熟的或过时的技术，经过30年高速增长之后，中外产业差距大大缩小，现在中国企业要买的技术，已经是国外公司正在使用的技术。它们不用的技术我们也不需要，但国外公司要是把自己正在使用的技术卖出去就没有办法生存了。所以现在中国企业买技术越来越困难，尤其是一些关键性的技术，这会影响国内产业进一步升级的技术来源。之前，只要国内市场形成，我们靠买技术马上就可以形成国内产业。现在我们买不到技术，国内市场形成之后带动的不是国内产业，而是进口。最典型的例子，我国生产的芯片每年的进口额达2000亿美元左右，因为国外不转让技术，我们也做不了，所以只能靠进口。这样一来，带动的是国外产业和国外公司的发展，而非我国产业的发展。

现在大家反映中国资金很多，但没有好项目。没有好项目隐含的是没有新技术，新的技术我们买不来，自主研发又跟不上。所以，目前我国经济的发展处于一个非常困难的阶段。

3. 市场方向开始出现变化

就消费市场来讲，当一个国家消费结构达到住房汽车产业层次之后，再往后看，实物性的消费热点似乎就没有了，私人游艇和私人飞机都不大可能成为很新的消费热点。即使是发达国家，居民实物性消费似乎也就在住房、汽车这个层次之上，当然这个层次规模很大。所以，中国似乎就不大会出现排浪式的消费现象。

以前国外人讲中国的消费是排浪式的消费，这对实物产业的带动作用非常大，我们总有一块没有被满足的结构性短缺市场部分，而这种结构性短缺似乎以后就不会再有了。消费对实体产业带动作用被大大削弱，新增消费将转向服务、信息、网络购物、健康保健、休闲旅游等。这对第三产业发展是好事情。所以，这是第三产业增速超过第二产业的基础，但对制造业可能并不是好事。

4. 经济支撑因素的变化促使我国产业经济的转型

以上这些变化都是经济增长速度下降的因素。现在中国存在内在的下行压力，其中的压力可能就是这些变化所带来的。而且这些变化都不是短期性的，而是阶段性的、不可逆的。所以，现在中国遇到的问题不是个脉冲，而是一个台阶。如果是个脉冲，过几年我们回到原点，可以高增长。

我们现在又上了一个台阶，台阶之上和之下是完全不同的状态和景象。这个台阶上去之后，意味着中国经济发展会从一个比较容易的阶段进入一个不太容易的阶段。以前我们有成本优势，这使得我们的企业、产业竞争力非常强，竞争对手即使知道这个优势也没法对抗。成本优势被削弱之后，中国的产业和企业必须重新构造竞争力的基础。我们以前主要靠低成本、低价格打天下，以后我们成本不再低了。在成本这个基础之外，还有技术基础、服务基础或者品牌基础。但把一个企业的竞争力基础从成本转到技术或者服务、品牌上去，绝对不是一个简单的事情，也不是一个短时间的事情。

以前我们可以很容易地买到国外的技术，结构升级、新产业发展非常容易，只要国内市场形成我们就可以买得到技术。以后，我们可能买不到技术了。那么，下一步我们的产品升级、产业结构升级就得主要靠自主研发了。大家可能也能体会到，我们现在的自主研发实际是个非常薄弱的环节，企业自主研发能力的差距是比较大的。这实际上是经济发展的阶段性转换。所以，“十三五”和其他五年不一样，我们要进入一个新的发展阶段，要上一个新的台阶了。

这就是“十三五”时期，中国经济发展的背景。“十三五”时期经济发展变化，对我们提出了新的、更高的要求，也带来一些实际困难，但这些变化本质是好事。过去中国经济高增长靠的是“穷”的优势，现在这个优势被削弱了，说明中国发展了、富裕了。这个转折是迟早要到来的，或者说我们以往为中国经济发展所做的一切都是为了这个转折能够尽快到来。

四、“十三五”时期中国经济面临的机遇和挑战

（一）“十三五”时期中国的机遇与优势

在整个“十三五”时期，新的发展阶段上，我们仍然具有一些重要的

优势和机遇。具体体现在这几个方面：

第一，中国的资金充裕。高储蓄率为中国积累了大量的内部资金和外汇储备。所以，在“十三五”期间，仅仅从资金的角度讲，中国的内部资金是足够用的。中国可能缺技术，缺项目，但不缺资金。相对于其他国家而言，中国是有钱的。现在很热的“一带一路”的问题，它实际是依靠两个基点：第一个基点是中国基础设施的修建能力，包括设计和施工；第二个基点就是中国的资金。因为“一带一路”是一种跨国的基础设施建设，原先当一个国家经济发展非常低迷的时候，政府要采取一个措施，自己搞基础设施建设，带动经济增长。这种事以前美国做过，我们也做过，但都是国家自己实施。而“一带一路”是跨国的基础设施建设。为什么“一带一路”由中国提出，实际就是这两个基点，一是中国基础设施的设计和施工能力是世界最强的。我们经过这一轮大规模基础设施建设，中国企业修桥、铁路、高速路、港口、机场、水电站，世界上没有一个国家在设计和施工方面的综合竞争力能和中国企业比。另一个重要的因素就是中国有一大笔外汇储备。如果一个国家想要搞自己的基础设施建设，或者想跟中国合作都可以，没有钱可以向中国贷款。所以，“一带一路”建设之所以由中国提出，和中国的资金充裕有重要的关系。但贷款者有没有还款付息的能力，我们也是需要了解的。政府在讲“一带一路”，扩大国际合作，真正的项目是亚投行去做，它要评估回款能力。因为基础设施是所有国家都要改善的，但不是所有国家都有还款能力，这就需要由亚投行去做专业评估。我们做宣传的同时，也会做出专业化方式的项目选择。所以，中国的资金充裕是非常重要的一点。

第二，我们巨大的国内市场仍然是产业发展重要的有利条件。中国那么多人口，国内市场非常大。利用这么大的市场，我们可以把企业规模养得非常大。而如果搞得好，我们也可以以市场换技术。前一段有称“以市场换技术”是伪命题的说法，但这一观点不一定正确。我们这几年做得比较好的“两个名片”——高铁和核电，实际它的基础技术都不是中国的，之所以现在成为我国的名片，就是以市场换技术。以市场换技术的前提是什么？是国内的需求是否能组织好，必须做到一个窗口对外。国外市场想进入中国必须转让技术，第一步我买你的技术，第二步开始合作制造，第三步就是成为我自己的技术。如果没有分散好，国内没有办法一个窗口对外，那就不具备以市场换技术的条件。

除了技术，我国产业在世界所处的位置也应当得到关注。刚才我讲了，我们现在和世界经济前沿比较接近了，但实际也是比较接近了而已。我们和世界经济前沿发达国家的产业前沿还有一段距离，这段距离，我们可以学习，可以模仿，可以赶超。当然，我们可能买不到技术，但可以学习、模仿。真正到了前沿，中国经济的发展才会真正遇到困难，因为所有的经济增长需要自主发明和创新去实现。这也是国外能保持百分之一点几或二点几的经济增长就感觉不错的原因。

第三，中国成本优势被削弱。这里谈到的成本是和更穷的国家比，是在劳动密集产业层次上进行的比较。我们没有办法和和越南、柬埔寨等国家比制造成本，它们比我们还低。如果从高层次的产业角度来看，我们的竞争对手不是发展中国家，而是发达国家，和这些国家相比，中国企业和产业综合成本仍然是有优势的。中国现在的制造人工成本不是世界最便宜的，但中国的研发人员绝对是世界上性价比最高的。所以，关键是看我们做哪个产业，有些产业靠的是工人，这个产业我们可能需要转移，甚至没有办法再做了，但有些需要研发的产业，中国仍然有优势。

第四，发达国家经济低速增长给中国经济极佳的发展机会。由于目前为止世界上还没有出现科技革命的迹象，我们正处于两次技术革命的中间期。上一次技术革命是电子信息技术、计算机、网络技术等，下一次很可能是信息技术、新能源、新材料、生物技术的交叉融合。但现在显然还没有看到技术突破的迹象。前沿产业没有重大的技术突破，发达国家的经济只能是低速增长，而且它的企业发展会比我国企业还困难。这对于中国企业而言是非常好的机会。

我们无法直接购买国外企业的技术，但我们可以把它整个企业买下来，那么我们得到的就不仅仅是技术，还有品牌、渠道和资源，这也是前段时间中国企业到海外去并购非常活跃的原因。缺乏新的技术革命，这些发达国家企业的发展比中国企业还困难，没有往前走、往上走的发展空间。而它的后端，后发国家一直在追赶它，包括中国也一直在追赶，把这些发达国家的产业空间越压越小。但国外现在也开始提高警惕了，有些涉及国家安全的并购，就不允许中国企业参与了。换个角度讲，国外的这种反应也说明现在中国企业客观上存在这样一种机遇。

（二）“十三五”期间中国的压力和挑战

1. 中国经济压力的主要来源：中国制造业在世界产业格局中的位置变化

上述优势是实实在在的，但对于习惯高增长的中国企业而言，今后这段时间压力和挑战会非常大。主要的压力在制造业企业身上，而且我们国民经济主体部分就是制造业企业，我国经济 30 年高增长，靠的就是这些企业。具体来说，压力主要来源于中国制造业在世界产业格局中的位置变化。

在前 30 年高增长时期，中国的制造业是在控制住低端的同时向高端扩张。由于我们的成本低，这个扩张应该说是比较顺利的，而现在中国的制造业已经处于中端水平了，我们的成本上升得太快、太高，有些低端制造业不得不让出去或者转移出去。而这时，中国的高端制造业和发达国家企业抢市场，我们没有技术优势。中国的低端制造业在与更不发达的国家竞争，我们没有成本优势。在以重化工业为代表的中端制造业上，我们能力是非常强的。但是面对严重的产能过剩导致的恶性竞争，最后谁也赚不到钱，对产业、企业伤害非常大。这种“两头受夹，中间产能过剩”的局面就是当前中国制造业下行，企业困难的产业根源。当前，国内有一种说法：“制造业受阻正好让中国转换经济增长方式，今后中国经济发展将以服务业带动，由消费去引领经济增长。”这种说法有一定的道理，这些年由于第二产业发展速度下降，第三产业成为经济发展带头的产业，这是一个客观的现实。但是第三产业毕竟要以一、二产业的发展为基础，我们无法想象没有一、二产业的良好基础，可以凭空发展出一个规模很大的第三产业来。

现在的中国制造业基本上处于国际产业链的中端。我国制造业高端目前有一些局部性的突破，比如说高铁、核电和以华为、中兴这样的企业为代表的通信装备具有绝对的世界竞争力，但总体讲我们仍然在中端水平。所以，制造业高端化的空间还非常大。这和发达国家的制造业完全不一样，这个差距对于我们中国来讲既是机遇也是挑战。

但是，低端制造业向外转移的趋势很难改变。就像当年我们吸引了其他国家的制造业，由于中国成本低，都到中国设厂，追逐低的制造成本是制造业发展的必然方向。如果中国的制造业能在高端化方向上不断开拓出新的空间，一方面自身可以带动中国经济的发展，另一方面也会给服务业带来更大的发展空间，这是机遇，我们要实现一目标。如果我们中国制造业在高端竞争不过发达国家企业，低端向外转移的趋势又很难改变，自身竞争力会不断萎缩，不仅会影响自身经济增长，也会间接地影响服务业的发展，这对我们来说实际就是挑战。所以，今后第三产业在中国经济发展中的作用会越来越突出，但中国经济长期持续发展仍然要看制造业。

2. 中国经济和企业面临的两大问题

第一，制造业生产能力过剩的问题。这是我们眼前的麻烦。由于产能过剩，出现恶性竞争。我们处于困难时期的时间取决于处置过剩产能的能力。今后经济发展的主要挑战是产业升级的问题，上台阶之后我们怎么能够实现中国产业结构的进一步升级，培育新一代的产业。而外部技术来源越来越少，我们只能靠自身。之前是借鉴外部技术发展我国产业所带来的产能过剩的问题，以后的问题是外部技术来源逐渐减少的情况下，我们能不能靠自己实现中国产业结构、产品结构的进一步升级。能升级，我们就能持续地增长；不能升级，我们迟早要停滞。

第二，“十三五”期间，我国经济社会发展要完成的主要任务和挑战主要是以下方面：

1. 调整目前的产业结构以及供给侧和需求侧的问题。现在这个问题已经比较明确，供给侧需要做非常重要的工作。

2. 现有产业结构的调整问题。目前我们的产业结构是在高速增长阶段的后期形成的，经济发展进入新的阶段之后，现有产业结构的两个部分是需要调整的。

（1）附加值不足以承受成本上升的消费品工业，尤其是劳动密集型企业。这一层次的劳动密集型的消费品工业原封不动地保持在中国，维持这个状态是不可能的。由于附加值太低，成本一上升它就会变成亏损企业。

对这一层次的产业改革有两个方向：

一是向要素成本更低的国家和地区转移。目前我国正在柬埔寨、孟加拉、泰国、越南等国建立中国工业园区，使这些国家的产业尽可能由中国企业主导的行动。政府应该通过外交渠道把这个过程组织好，为中国企业争取尽可能好的经营环境和条件。这一点，我们可以借鉴日本的做法。国内学者对日本经济的研究总是有些偏见，比较典型的说法是“失去的十年”甚至“失去的二十年”。当时，由于日元升值过高，日本国内产业发展的确出现了停顿，十年、二十年间，GDP 没有很大的增长。也正是借此机遇，日本的企业在世界范围进行了大规模的投资，形成了一笔世界上最大规模的海外资产，包括在中国投资的企业，并得到了非常高的回报。每年日本的海外资产回报流回日本的可以达到 2000 多亿美元，这对日本本国的经济起到非常大的支撑作用。据此，我们现在也应该形成一笔有回报的海外资产，依靠劳动密集型产业转移，形成中国企业的对外投资。这是中国企业的机会，这次产业要尽可能控制在中国企业手里，由中国企业去组织，实现产业转移。

二是品牌建设。品牌是和附加值联系在一起的，品牌越好附加值越高，好到一定程度，成本上升多少就不重要了。国外一个包卖1万元，牛皮涨价就不在乎了。当然，品牌建设也是一个过程。附加值不足以支撑成本上升的消费品工业就是两个方向，或向外转移，或品牌建设。那些附加值并不低，但产能过剩和过度竞争造成的结构性困难的产业，主要是产能过剩的产业，钢铁、有色金属、煤炭等，去产能不可避免。这是“十三五”的痛点，是去库存的过程，有些企业职工可能要下岗。类似的工作朱镕基时代曾经做过，包括曙光、纪鹏同志都介入过那一轮的改革，那一轮的改革实际比现在要难得多。现在和那时期相比，我认为至少有几个方面的优势：其一，上次以国企为主，风险非常大。现在仍然有国有企业，但相当一部分是外资和民营企业，这些企业可以用市场化的办法消化掉的。这些年，我国一直在进行长三角、珠三角的结构调整，东莞很多企业都已经迁出甚至关掉了，并没有出现多大问题。这说明我们现在需要调整的很多经济主体通过市场化方式是可以做好的。其二，上次政府在操作时财力是不够的，财政没有准备改革成本，被迫在操作时用企业破产的剩余资产和土地使用转让收入补给社会职工，用银行的钱补贴给社会，所以银行意见非常大。但现在政府的财力和以前完全不一样。其三，上次是第一次做，政策不完备，一边操作一边制定政策，一边又完善政策，大家也都没有经验。现在我们整个政策体系也完备了。

去产能，我们认为的确是个非常大的事情，但我们应该有信心，因为现在的条件比朱镕基时代要好得多。

（2）要发展新一代的自主产业

现有产业结构要调整，光退是不行的。要素成本上升，使我们上一代支柱产业竞争力下降，市场份额减少，导致经济下行压力。所以，“十三五”以及以后发展新一代支柱产业，承接经济发展的责任就非常重要。没有新产业就没有新的增长。如果我们有一批新的支柱产业出现，国民经济保持中高速增长就有了扎实的基础。如果没有新产业出来，我们的国民经济迟早会陷于停滞。从另一个角度讲，实际上我们新一代支柱产业的市场条件已经形成，关键是国内的产业能不能上得去。现在不是没有需求，而是供给能否补给需求。

新一代的支柱产业大体是两个方向：

第一，高端的服务业，包括高端的生活服务业和生产服务业。在居民消费达到住房、汽车产业层次之后，新增消费开始多样化和高端化，但我国的高端生活服务业发展不足。所以，现在这些高端的生活性服务需求也出现转向境外的趋势。到国外留学，到国外去旅游、购物、做美容、看好莱坞大片、日本和韩国的动漫，甚至家政都要使用菲佣……“十三五”规划提出“要推动生活服务业向精细和高品质转变，加快教育培训，健康养老，文化娱乐，体育健身，大力发展旅游业、家庭服务业”，目的就是要把这块需求留在国内。所以，“十三五”提出的目标，对应现在的问题是很准确的，第一块是高端服务业，第二块是高端的生产服务业。

这些年为经济发展提供服务的生产服务业已经形成非常大的市场，但高端的市场份额几乎完全在国外公司手里。比如企业管理咨询业，现在很多企业请人做咨询，我们能马上想到的麦肯锡、科尔尼、埃森哲。有的企业向境外发展需要国际化的会计服务业，我们马上想到德勤、普华永道、安永。这些年，我们提出信息化和工业化的深入融合，企业要搞智能企业，社会管理要搞智能城市，需要一种全业务流程的综合服务。从问题分析到方案设计、关键的软硬件开发、项目实施再培训，我们能想到的 IBM 能做，惠普能做，戴尔能做。现在每个方向都有中国企业与国外企业的竞争，问题是我们能不能竞争得过，能不能逐步扩大中国企业的市场份额。

这里有很多成功的案例：如海信智能交通的国内市场份额已经从0上升到40%，它的市场份额是国内最大的。这就是中国企业一步步地拓展市场份额的典范。所以，“十三五”规划提出“推动生产型服务业向专业化和价值链高端延伸，要发展工业设计和创意、工程咨询、商务咨询、法律会计、现代保险、信用评级、售后服务、检验检测认证、人力资源服务等产业”，这说明我们需要在高端生产服务业上和国外公司争夺市场，去扩大中国企业的市场份额。

第二，高端制造业，包括生产装备业和战略型产业。中国是制造业大国，主要靠中低端制造业支撑。原先的消费品工业和重化工业都出现了问题，需要调整，所以，发展新一代的高端制造业是国民经济长期发展的目标。实际对应的市场现在早已经形成。以往我们制造业大国的称谓是指生产能力而言，现在基本上主要产品生产能力都是世界第一。但不管是工业消费品还是重化工业产品，中国企业的生产装备绝大部分都是进口的。我们到企业参观，很多企业非常骄傲地说，我这个设备是日本的，那个是德国的，那个是美国的，反正大家都不用中国企业生产的设备。现在中国企业的生产装备甚至包括检测装备全是国外的。所以，装备制造业是下一步中国制造业高端化的一个重要方向。这将是一块技术含量非常高，附加值非常高，而且规模很大的市场。

“十三五”规划专门提出高端装备创新发展工程，包括航天航空装备、海洋工程装备、先进轨道交通装备、高档数控机床、机械装备、现代农机装备、高性能医疗器械、先进化工成套装备等，关键是我们能不能做得到。

发展战略型的支柱产业。前几年，我们在这个方向上是有所作为的，标志性的就是我们的高铁和核电，以及通信装备制造产业。问题是，除了通信装备制造业以外，高铁和核电的市场规模都不够大。能修高铁的国家有多少？准备发展核电的国家又有多少？不管是高铁还是核电都属于国家重点基础设施建设项目，都是一种国家行为，会有很多的政治影响。所以，我们的高铁、核电在走出国门过程中会受到很多非经济因素的影响。我们的高铁、核电非常成功，但市场规模不够大，不足以把我们整个国民经济带动起来。有些产业就不一样，汽车家家都是要用的，芯片处处都是要用的，我们刚刚试飞的大客机是每个国家的航空公司都买的，这些战略性支柱产业带动能力更大。所以，我们应该选择规模大、带动性强的战略性产业，这也是我们需要攻关的。

“十三五”规划也提出，要支持新一代信息技术、新能源汽车、生物技术、绿色低碳、高端装备和材料的发展，这些产业的发展壮大也是“十三五”规划的重点。不管是装备制造业还是新一代支柱产业，我们现在遇到的问题都是自主创新能力不足。所以，中国的企业必须恶补自主创新这堂课。这也是为什么中央文件现在把创新放在非常突出的位置，因为创新是中国不管大企业还是小企业一个共同的短板。当然，现在通过国际并购取得技术也是一个重要途径，这也是中国企业的机遇。应该说，这些企业现在的国际并购还是很活跃的。我们通过这一途径可以拿到很多的技术。

第四，“十三五”时期中国农业问题。《纲要》第 14 篇专门讲了农业的问题，推进农业现代化，重申我国农业发展的基本目标就是“确保谷物的基本自给，口粮的基本安全”。但“十三五”规划提出的措施基本都是常规性的措施，坚持最严格的耕地保护制度，坚守耕地红线，实施“藏粮于地、藏粮于技”的战略，提高粮食产能，确保谷物基本自给、口粮绝对安全等。但“十三五”时期，中国的农业问题可能没有那么简单。中国是典型的小规模农业的国家，人均耕地少。所以，中国的农产品相比于日本、韩国和中国台湾地区等经济体来说生产成本较高。“十二五”期间，由于我们的生产成本在上升，主要的农产品市场价格都已经接近甚至大部分超过了国际市场的价格，目前除稻米差价比较小之外，大豆、玉米、棉花、食用油、糖、奶制品、牛羊肉的差价都很大。“十三五”期间，这个过程会持续，相当一部分农产品的生产成本都会超过国际市场的价格。中国的农业发展将会面临一个非常复杂的形势。

由于内外价格是倒挂的，可能出现三种对策，三种结果：

第一，对外不设限，对内也没有价格保护，是完全自由化的。最后的结果是，国内的农产品价格上不去了，农民的生产成本还在上升，上升到一定程度，农民就要亏损。所以，农民就没有积极性去种粮食，中国农业可能会萎缩。

第二，对外不设限，对内价格保护。实际上这是我们前几年做的，通过低价收购，农民的利益得到了保护，但这使国家收储远高于市场价格的农产品，不好处置，也不好补贴。

第三，对外设限高额关税，对内价格保护。这会产生一种情况，受保护的农产品价格会逐渐上升到一个非常高的水平。最极端的就是日本的大米，日本大米的价格大概是中国市场的 7 倍左右，这就是逐渐保护把价格抬上去的。由于这一特点，这些可比的经济体（日本、韩国、中国台湾地区）在高速增长后期都出现了粮食自给率大幅度下降的情况。

1960 年、1980 年、2000 年，20 年一段，1960 年时，日本粮食自给率 83%，韩国 93%，中国台湾地区超过 100%，因为它的大米在出口；20 年之后的 20 世纪 80 年代，日本粮食自给率下降到 35%，韩国下降到 56%，中国台湾地区下降到 53%；到 2000 年时，日本下降到 58%，韩国下降到 30%，中国台湾地区下降到 36%。剩下的这 30% 就是重点保护的对象，所以，粮食自给率大幅度下降。这些经济体还算不上人口大国，它的自给率下降，国际市场是可以支撑的。到现在为止还没有一个人口大国经历过这样一个过程，如果中国出现这样的情况，国际的农产品市场会是一个什么样的情况？现在我们确实不好估计。从目前的情况看，凡是内外差价大的产品，大豆、棉花、糖、食用油、奶制品，都是农民生产不顺，企业经营不顺，政府调控也不顺的，以后这个差价范围会扩大，差价的幅度会扩大。“十三五”期间中国农业面对的局面复杂度是不能低估的，虽然我们扩大经营规模可以降低一部分农产品的生产成本，但是经营规模的扩大需要一个过程，并且扩大的范围有限，预计对成本下降幅度不会有太大的影响。真正有农产品优势的国家，一般都是前殖民地国家，殖民者到新大陆之后，把土著都杀光了。所以，它的耕地面积非常大，都是上万亩农场规模。我们对农业的复杂程度不能低估。

由于农业是中国最弱势的产业，国际竞争力很差，完全不保护可能不行，保护面过宽可能也不行，财政也无法支撑。“十三五”期间及以后，中国农业发展应该是产业政策和贸易政策相结合的一种操作。我们对农业复杂程度研究得不够，准备得也不够，这是“十三五”及以后，我们很难回避的一个难点。

《纲要》有一篇专门讲经济体制改革，这是全面的部署。形成新的市场体系、新的管理制度、财税制度、宏观调控等。“十三五”期间的改革应该有更具针对性的目标，而且这个目标应该与发展的目标协调起来，争取能够有所突破。通过此次改革，我们应当为企业发展创造良好的环境，调动企业的积极性，激发企业的对外活力。

当前经济下行压力非常大，传统产业竞争力全面下降时，特别需要一批企业能够挺身而出，开发新产品，开拓新市场和新产业，把国民经济带动起来。企业在特殊时期的特殊作用是无可替代的，甚至可以说“十三五”产业发展目标能不能完成，很大程度上要看这个时期企业的状态怎么样。现在国有企业和民营企业都存在一定的问题，这和他们“十三五”承担的责任差距是不小的。我们应该正视这些问题，去研究它们，并把问题解决好。

总之，“十三五”期间是我国经济社会发展非常关键的一个时期，我们面对非常大的挑战。“十三五”规划讲的是比较清楚的，除了农业问题较为复杂之外，其他问题的规划思路清晰、对症。概括一下，“十三五”规划讲了三件事情：

第一，通过改革激发企业积极性，这是基础。

第二，通过供给侧结构性改革，解决现有产业结构的问题。

第三，通过创新驱动，发展新一代新产业，包括战略性支柱产业和新的装备制造业。能承接经济发展的责任，第一是改革调动积极性，第二是调整目前的产业结构，第三是发展新产业，由此保持经济的中高速增长。回顾一下“十三五”规划的主题词，还是很贴切的：“保持经济中高速增长”，“创新驱动发展”，“供给侧结构改革”，这些概念几乎全部与企业有关。规划写得很好，关键是通过我们的实践，把规划提出的这些目标真正实现。

“十三五”规划应该说刚刚开始，还需要经过实践的检验。

点 评

刘纪鹏：某种意义上，邵主任是公认的国企、国资改革的第一人。邵主任把工业结构的分析，以及中国经济发展的这几个阶段的30年演变阐述得如此之清晰，特别是点出，今天我们在转型期面对供给侧改革，中国再次崛起的难点。

在这个过程中，中国这么大的国家除了金融，要不要高端制造业支持？小国可以玩金融，美国今天也可以占全世界的便宜。对于金融的基础是什么，邵主任分析得如此精彩而且到位。据我了解，邵主任对国资改革研究得这么透彻，中国改革中有多少故事都有邵主任的身影，西安纺织厂那么多工人上街游行，他化装带队去做工人的安抚。今天他作为人大财经委副主任开始做国家战略的问题。所以我开始理解，邵主任要研究另外一个更大的话题，中国梦要实现，要崛起，我们片面强调某一个领域是不够的，甚至我们今天说有钱了就搞金融吧，也还是不行。

杨凯生：听了邵主任的讲座有很多的启发，现在我讲讲对他这个题目的理解。他说是“十三五”规划和中国经济阶段性转换。坦率地说，我认为现在的媒体，包括一些理论工作者和学者喜欢追热点、炒热点，一个题目稍微过去一点以后似乎就不感兴趣了。“十三五”规划从十八届五中全会讨论，中共中央提出建议到现在一年半时间，从十二届人大四次会议正式讨论通过到现在也一年过去了，而系统地思考、研究“十三五”规划的研究、文章、文献实际上是不多的。我认为，这是个问题。而邵主任系统地讲了“十三五”规划的内容、要求对经济发展的阶段性作用和影响，谈了他的感悟。这体现了习主席提出的“一张蓝图绘制以后要干到底”的精神，是我们应该学习的。

关于第二个话题“中国经济发展的阶段性转换”，我认为“十三五”是个历史阶段，这个阶段，中国经济发展需要转型，应该转型，也会转型。

我认为“十三五”是个特别重要的阶段，是个新的历史阶段。从20世纪50年代开始，我们已经连续编了13个五年规划了，这五年有什么特殊性？“十三五”时期，我们将跨越中国改革开放40年的历史节点，从1978年十一届三中全会拉开中国改革开放大幕，到“十三五”期间的2018年将是改革开放40周年，我们将跨越这个历史节点。在“十三五”期间，我们还将要跨越一个重要的历史节点，就是新中国成立70周年，换句话说，中国共产党在中国执政70周年，这又是一个重要的历史节点。在“十三五”规划期间甚至结束时，我们将迎来中国共产党成立100周年又一个重要历史节点。

在“十三五”规划期间，完成我们党所做出的重要历史承诺，有两个百年目标：在“十三五”规划之后将率先实现第一个百年目标，就是中国这样一个拥有13亿多人口的，一直被认为是落后、贫穷的，巨大的发展中国家，将全面实现小康。因此，我觉得“十三五”期间和前面的“十二五”规划都很重要，“十三五”规划和世界上任何规划相比都有格外重要的分量。“十三五”规划期间，它的一切目标是围绕着我们能不能实现第一个百年目标所制定的，这实际是对我们党的执政能力、执政水平包括执政成果的一次检验，是我们党对中国人民乃至全世界做出的珍重承诺。所以，我认为邵主任讲的题目是很宏大的，很有意义的，我们确实要很好地认真领会一下。

说到“十三五”期间，现在我们面临的阶段，它的发展方式为什么会有阶段性转换呢？因为我们过去的发展方式、发展理念难以再继续下去或者继续下去效果不会理想。现在我们碰到了很多问题，什么问题呢？总书记在做关于“十三五”规划制定建议说明时，有几段重要讲话。总书记说，现在在经济结构、技术条件没有明显改善的条件下，资源安全供给、环境质量、温室气体减排等约束强化的情况下，将压缩我们经济增长的空间。中央有关于“十三五”规划的建议，总书记在中央全会上对这个建议做说明时讲了当前我们在发展过程中碰到什么问题。他还说，我国经济运行中还存在其他一些风险，如杠杆率高企、经济风险上升等都对经济增长形成了制约。总书记还指出，发展方式要从规模速度型转向质量效益型，经济结构调整要从增量扩能为主转向调整存量，做优增量并举。他还明确地指出，这些变化不以人的意志为转移。总书记这些讲话已经很明确了，面临这些问题，不转型、不转换发展方式是不可能的。邵主任今天讲的主题就是怎么转型，我简单地理解，当前就是要认真地按照中央的要求，抓好供给侧结构性改革，落实好“三去一降一补”的五项任务，去产能、去库存、去杠杆，降成本，补短板，只有这样才能为我们下一步发展创造更好的条件，营造更好的空间。

为什么要搞供给侧结构性改革？再引申说，为什么在新的阶段，发展方式的转型要着重从这方面入手？因为我们已经意识到了，我国的经济发展是有约束条件的，资源不能无限制地开采、使用，我们的环境有既定的承载能力，我们也不能加大人类对环境触碰的强度；土地供给也是有限的，因为人民要生存，要吃饭，要穿衣，离不开18亿亩红线的基本保证。发展方式的转型，过度依赖成本不行，过度依赖外面的技术不行，过度地依赖环境的索取、资源的索取也不行。这是我今天听了邵主任报告的一点启发。有一点邵主任没有提到，就是资金的问题。中国有个很大的特点，就是储蓄率高，这也是中国和其他经济体相比较的发展优势所在。我们的储蓄率比其他国家要高出十几个、二十几个，乃至三十几个百分点，我们的储蓄率超过50%，这是东方的文化传统。但是我们也要意识到环境不能无限索取，资源不能无限索取，劳动力的供给也不是无限的。现在所谓"刘易斯拐点"，人口红利也不是无限的，所以我们现在要搞二胎政策。同样，我们要认识到资金尤其是债务资金也不能是无限的。这就是现在"三去一降一补"提出的去杠杆的真谛所在。

赵小刚：我认识邵宁主任近20年了，那时候我是全国人大代表，两会期间就到国家经贸委造访，了解国企改革的一些方向。当时邵宁司长接待我们，他把国企改革的方向、政策、路线，特别是国企改革的本质目的说得很清楚。所以，后来我到南车来，我感觉南车所有的改革能够推进到现在这种情况，与那一次谈话是分不开的，那次谈话给了我很大的动力。

2003年国务院国资委成立，邵宁主任就到国资委当副主任，主管国企改革，多次到我们南车调研，给予指导。国企改革是利益格局打破的过程，第一领导者、主要领导者要承担巨大的风险，一个班子的内部高管没有形成合力是无法推动的，这时候你要怎么做呢？按照中央的要求你可以借用外部的力量，一次会议上他提出"借用外力"的观点，怎么借用外力？最好的方式就是上市。后来我们选择了南车整体上市，正好在2008年金融危机爆发前夕完成上市的。当然，过程非常艰难，如果没有邵主任当时的支持我可能是完成不了的。现在回想起来，中国高铁发展之所以能够成为名片，跟当时有四家铁路企业——中铁工、中铁建、南车、北车——

在两三年全部完成上市工作有关。这四家企业我粗略算了一笔账，加上后面的增资扩股，按照60%银行配比借贷，四家企业一共超过1000亿元，全部投到高铁里去了。如果没有这笔资金，中国高铁发展也没有这个基础。

我退休以后，在四家央企当外部董事，全是制造业。这几年在董事会上争论最激烈的也是怎么转型的问题，我想通过企业层面的案例来印证今天邵主任高屋建瓴的判断。比如邵主任讲的短缺经济造成我们前些年的快速发展，在中国所有的行业，一是造船业、装备制造业，二是纺织机械制造业，这两个是装备制造业；还有材料业、中铝、中国建材，均出现产能过剩的情况，而且产品对象是中低端。这一情形满足了中国高速发展的需求，通过十年时间甚至二十年时间，把以前的欠账全部补平了。中国的发展，如果像国外的观念，能20年发展的绝对不15年发展，产能过剩就不是必然现象了。就像我们造船业发展最好的时候是2005、2006年，你拿到订单，船主是来求你，你说多少钱就多少钱，我们可以赚大钱。而现在，光2016年和2017年，中国船舶总公司、中国船舶重工两大船弃单的现象非常严重，但又没法打官司，因为当时为了抢单，合同都没有严格的规定，因此造成了巨大的损失。还有钻井平台，海上钻井设备大量生产出来没人要。现在原油价格只有不到60美元/桶，但海上钻油浅海区80美元/桶。沙特是全世界石油成本最低的国家，石油成本8美元/桶，它控制全球石油价格。现在60美元/桶的价格根本涨不上去，海上钻油、取油现在基本上全线停顿。产能过剩和国际经济发展业带来很多的不确定性。

其他行业也是一样，刚才讲到纺织，20世纪90年代砸锭，当时几十万锭工人的大厂要1万多工人。而通过我们现在的技术，几十万锭、几百万锭只要几百人，技术化程度非常高。现在我们劳动力成本上涨了，产业大量流向东南亚，今年3月我到越南考察了越南的纺织业，既看了国内转型当中的独资企业，也看到了越南的合资企业以及越南的独资企业。情况不完全像媒体说的那样，我们大量的纱锭厂在那里建厂，不完全是由于劳动力成本低，而是因为现在自动化程度很高。主要原因是什么？越南从美国进口棉花是低关税的，中国从美国进口棉花是高关税的，要保护新疆的棉花。由于差价，大量产业便往那里转移。好在再高端的产品，纺纱以后还要织布。据我了解，越南80%的纱锭是出口的，80%出口里99%又返销到中国来了。这样的经济形态下，中国的这种规模化的制造业还能够维持5—10年。这5—10年，如果抓不住创新的机会，再往后走可能就很难了。

中国的铝业主要是搞电解铝，世界最大的电解铝业就在中国。这也是中国去产能的主要对象，还有水泥、玻璃。我们需要的高精尖的合金铝现在还要进口。现在遇到一个什么问题？中国习惯了搞大批量、大规模的生产，一搞就要世界产量第一，但从来不讲效益，只讲产量。我们到欧洲去考察，发现欧洲都是家族企业，规模很小。它的合金钢都是很小的企业在生产，用小钢锅炼合金钢，而全世界人来买他的产品，国内却没有人愿意干。这种思想如果不转变的话，我国要成为创新型国家，实现结构的转换难度很大。在从中低收入向高收入迈进时，中国出现了大批中产阶级，出现了很多的富裕阶层，而且这些富裕阶层已经是富二代、富三代了，他的思想观念和第一代创业者有了很大的改变，他愿意把钱投到很多的创新领域，养活在那里搞科技的人。虽然80%的项目是不能够成功的，但他乐此不疲，这就形成了一个创新的氛围。欧洲的发展就是当人们富裕以后，大量的有钱人投资这些创新企业，即所谓的天使基金。

刘纪鹏：你感觉中车下一步怎么样，会不会随着“一带一路”的推出打开局面？

赵小刚：“一带一路”的整个战略意义在于通过我们的大陆桥，促进海洋经济和大陆经济的相互融合，带来新的经济增长点。现在铁路效率并不是很高，虽然我们在电视上看的一年有3000列车，原来有一个月只发1列车，现在平均一天就发10列车。中亚国家和中东国家我都去考察过，它们的基础建设确实很落后，而且有需求，人口密度也不低。如果我们的“一带一路”能够真正把这些沿途的经济拉动起来，通过这条海上之路重新拉动起来，可能对中国产能输出以及中国中低端技术输出有十分明显的作用。这十年里，用时间来换空间，把高端的科技补上去。

李曙光：邵主任已经从国有企业专家、学者型专家角色转化为微观经济学家的角色，有非常独到的看法。我想今天，邵主任实际讲了三个“之谜”：

第一，解读了中国经济增长之谜。

很多中国经济学家在讨论，为什么中国有这么高速甚至超高速的经济增长，所谓“三驾马车”。今天我是听到了来自主管经济一线，特别是又在经贸委、计委、发改委和国资委等岗位，任过职的全国人大财经委的高级领导。他讲经济增长之谜在于四因素：

1. 短缺经济，资源稀缺带来的。换句话说，由于中国落后、保守这么多年，我们的资源实际没有怎么动，这是一个很重要的原因；

2. 高储蓄率，是中国文化的原因，中国人喜欢存钱；

3. 国外技术的资源，讲的是我们对外开放的原因；

4. 低成本要素，特别是人口红利。

他讲的这四点原因是：解读了中国经济保持30年到现在已经40年高速增长之谜。这一解读启发了我。我从法律角度理解，中国经济30多年经济增长之谜，很重要的一点是制度松绑以及我们法律新制度驱动的结果。

第二，解读了中国国企困境之谜。

他讲了中国制造业，实体经济发展到今天遇到什么样的问题和困难。一是两个拐点，人口拐点和环境的拐点到来；二是无法从国外购买技术了；三是我们自主创新的能力还没有跟上。这是我们解读国企改革非常重要的一个角度。由此，我们理解了为什么会出现产能过剩，高负债率、高杠杆率，为什么会出现这么多的库存，以至于这三者成为工作的重中之重。“十三五”期间，2017年都是工作重中之重。

第三，解读了中国经济未来发展之谜。

中国经济在“十三五”的未来五年时间该怎么发展，主要讲取决于三点：第一，怎么激励企业家的精神；第二，怎么激励企业创新，让企业有更好的自主权；第三，怎样调整结构，真正让产业、实体经济有自我创新和自我升级的能力。我得到的启发是，经济转型也需要法律的转型。第一，从法律的角度来讲，针对第一点，企业家的激励机制是很重要的。我们基本的法律制度，特别是产权保护制度要跟上。第二，企业要创新驱动很重要的一点也是要保护知识产权，同时要建构一套比较公平的市场竞争环境和法律环境。原来靠制度松绑和粗糙的法律和原则性立法是不够的，我们在这一方面要有所推进。第三，产业结构调整方面，现在我们的产业结构一是靠自主升级，二是要继续改革开放，特别是邵主任讲的要更快地改革，更加坚定地改革，更加明确地开放出去，实施“一带一路”走出去战略。实际上，在国际上我们是没有法律话语权的，如何通过“一带一路”走出去战略，在国际共同价值基础上把我们的法制理念和国际商的法制理念融合，提高中国在国际贸易规则和贸易体系当中的话语权。同时，产业结构调整和去产能关键是要牵住治理僵尸企业的牛鼻子，牛鼻子怎么牵呢？回到我20多年前和邵主任认识的时期，通过破产处置“僵尸企业”。

孔丹：您今天做了个非常精彩的报告。习总书记从党的十八大刚开始就提出，我们要进行具有许多新的历史特点的伟大斗争。这种新的历史特点的伟大斗争是很具体的，它不是抽象的，应该在经济、政治、国际战略各个方面有所体现。前一个历史时期，也就是党的十八大召开之前，我们长期以来解决小平同志关注的“贫穷不是社会主义”的问题，今天邵主任非常生动地说明白了从短缺经济分析国企改革新的重大变化。新的历史时期，小康目标又有新的特点，比如对环境的要求不一样，特别是肯定不能走向两极分化，那不是社会主义，小平同志说贫穷不是社会主义，两极分化也不是社会主义。达到这个目标要靠发展，今天的讲座给了我们一个很扎实的走向目标的方向指引。

邵宁主任用自己对这个问题的认识解析了在经济方面和发展方面我国新的历史特点，把它具体地展开，这样我们才能有前进的实实在在的根据。我想向邵宁主任提一个问题：围绕产业政策问题，我们走到现在再往前走有什么困难？破解今天发展之谜靠什么？今后再怎么走下去呢？

有一种看法，是以张维迎为代表的，该观点认为我们因为实行了市场经济而取得了成绩。我们应当做的是进一步绝对的自由化、市场化，产业政策是负面的、有害的，政府应该是小政府。我们从计划经济走向市场经济时把看得见和看不见的手紧密结合，虽然也有经验，也有教训，再走下去更要发挥这个作用。党的十八届三中全会提出“市场分配起决定性作用，发挥政府的作用”，有一种看法把“市场”和“政府”两者对立起来了，非此即彼。我认为应当是政府如何和市场更好地结合，这是我们发展最好的前景保证。

我想请教邵主任，在这个问题上，产业政策是不是我们现在的抓手？

邵宁：产业政策是政府甚至政府的领导人对于经济发展的一个预测和要实现的愿望和目标，各个时期各个国家都有，包括美国总统特朗普提出的“美国人用美国货，美国人优先”都是产业政策。产业政策的指导实际各国都存在，甚至采取贸易保护主义。实现某一个产业发展目标，贸易保护主义通常和产业政策结合起来。我国产业政策有个科学化和有效化的问题，产业政策要有效指导经济，不能违背产业经济的规律，不能理解为政府部门的行政审批。所以，第一，中国肯定是需要产业政策的；第二，产业政策本身有科学化和有效化的问题。因此需要进行改革。

孔丹：我认为这是简明扼要的正确认识。现在攻击产业政策是把过去有些政府部门的不符合规律的指挥作为产业政策的代表，这个看法是非常狭隘的。我们的产业政策确实有失败的情况，但不能否定产业政策，我们要有科学的产业政策。政府讲“放、管、扶”，对企业来讲，怎么“放”让企业更有活力，这是极大的挑战。怎么“管”呢？今天有没有该管而没管的呢？比如，应该将资本关进笼子里，不能关权力。前两年的股灾很大程度上是资本的兴风作浪，通过现代的交易工具，比如高频交易、互联网金融里的杠杆融资，层层扩大，最后股市上80%的散户损失惨重。“扶”，我认为某种程度上都是产业政策，我们有工业2025，12个国家专项，包括用基金扶持产业发展。政府欲通过基金的支持使市场能够自动导向阶段性转换，因此，政府的作用是完全不可以缺失的。

刘纪鹏：我们从研究微观角度开始研究，从一个企业到整个制造业，再到整个产业，这里面独特的思维和大量丰富的经历成就了或使得邵主任形成了他阐述这样更宏观的中国阶段性调整以及转变的独特思维方式。我是听上去非常过瘾，因为我也和您经历差不多，都是从实战里成为所谓教授的，不是书斋里读出来的，所以我非常感兴趣。

互动提问

问：请问一下站在理性和冷静思维角度来判断的话，您认为中国的央企和国企在“一带一路”走出去的过程中，面临着怎样的困境或瓶颈需要突破？

邵宁：我估计你看了前段时间国资委肖主任的答记者问。实际这几年中央企业“走出去”是比较多的，这也是必然的。因为大家很清楚，中国的市场在外面，中国需要的资源也在外面。所以，很多中央企业走出去。应该说整个中央企业的经营情况是比较好的，但也吃过一些亏。我们的企业国际化经营能力不行，对当地的一些法律环境、潜规则不太熟悉，但这也是正常的。还有一些亏损，是怎么造成的？很大程度上是整个市场变化了。因为当时资源价格很高，包括铁矿石价格和石油价格很高，我们号召企业走出去为国家控制资源，但那批出去的企业基本都是在高点上收购的，从现在的资源价格看这些企业都是亏损了。坦率地说，当时很难做出正确的判断，因为当时在石油140美元/桶时很难估计到现在石油这么便宜，这有个大的经济周期问题。总体来说，中央企业走出去还是积极的事情，由于国际化经营能力弱，我们许多方面需要学习，不但国有企业需要学，所有的中国企业都需要学习。我们只做到了让中国企业走出去，还没有做到教会中国企业国际化经营。

问：“十三五”规划强调市场起决定性作用，里面提到的核心是机制配置问题，市场、政府、国有企业、民企四位形成一个模型的话，您怎么看待它的组合和最后配置的形成？

邵宁：你讲的又是一个模型，这个模型很难理解。但政府做政府的事，市场做市场的事，这是最简单的理解。

问：您怎么看待国企在雄安新区以点带面，最后形成星火燎原之势？

邵宁：据我目前了解，雄安是为了疏解我们首都的非首都功能打造的一个新区，这是需要的。因为现在北京很拥挤，环境污染也比较厉害，适当地疏解眼下是正确的。有规划、有组织地把一个地方建设好，进行功能转移是个非常的事情。作为中央企业，都有自己的愿望，企业很大的问题是成本，在北京经营要素成本很高。对企业来说，适当地降低成本有助于提高竞争力。像房价高到这种程度，北京很多产业就没法做了，需要往外转移。

问：您谈到驱动创新，英国在800多年前颁布了大宪章，目的是限制皇权和保证最聪明人的发明权利，我们国家现在有一个支柱性的缺陷，关于保护发明人的权利方面完全空白，您认为怎样通过法律衡量，给侵权企业以致命性的打击，给发明人以最高额的赔偿？

邵宁：我认为保护就中国的创新来说，有效地保护知识产权是国家促进创新一个“最基础”的工作。

问：中国最大的战略是 2025 制造转向创造性大国，邵主任怎么看这个事情？

邵宁：现在的转型升级就是在往这个先进制造业道路上走。由于我们传统产业的成本已经很高，没有竞争力了，有许多问题需要解决。在这个过程中，新一代产品要上来，新一代产业也要上来。这里的“新一代产业”实际就是制造业 2025 所规划的东西，它的内容和“十三五”规划是一致的，关键是能不能实现，能不能做得到。

第八篇

大国金融博弈与军事力量建设

蓟门法治金融论坛第 36 讲

时间：2017 年 5 月 17 日

地点：中国政法大学蓟门桥校区科研楼二层报告厅

主持：刘纪鹏

主讲：卢周来，国防大学教授

点评：崔之元、郝一生、李晓、杨帆

互动提问

主持人荐语

刘纪鹏："大国的金融博弈与军事力量建设"，这样两个话题，把金融和军事联系在了一起，揭示了大国竞争崛起的基本规律。美国的强大，表现在美军以及美元。在今天的世界里，战争、竞争就是资源和财富的再分配。大国竞争当中，进行资源分配的手段已经从历史上通过战争解决转向了金融。因此，强盛的国家要有强大的金融。同样，一个强大的国家要想在军事战争和经济竞争中占有优势，也可以利用金融手段摧毁敌对国的安全，金融就是今天局势战争中的特种部队。在军事中，信息是生命线，军人要取得一场重要战争的胜利就是要靠信息。金融的生命线也是信息，无论是从情报分析决定金融价格，还是从内在金融和实体经济的关系角度考虑，都要研究国防金融学和国防经济学。卢周来教授，在多年以前就完成了《国防经济学》的教程，他将带领大家从金融以及军事两个角度同时探索国家的安全问题。

领导致辞

时建中：我认为金融和军事力量的建设目的，是使金融和军事实现相互互动、相互保障、相互促进。作为大国，中国的崛起不仅要有强大的国防军事力量和经济作为硬实力，还需要有完善的法律制度，法治环境作为软实力。如纪鹏院长所说，金融和军事是分配资源的手段，那么法律是保障资源合法性的利器，两者相辅相成，相互促进。目前，金融的定价权在华尔街，国际贸易规则的制定权也在美国，所以，积极参与全球经济、政治、文化，社会治理是中国崛起的必由之路。不仅在金融上要有特种部队，在法律上也要有特种部队。建设中国特色社会主义法律框架也是大国博弈的内容之一，有利于保证发展和安全。周来教授创造性地把金融和军事联系起来，放在大国崛起的战略高度，高瞻远瞩，思维深邃。以美国的实践作为引子，发人深省，极具启迪，体现了现代军人独特的眼光和高超的军事艺术。

一、金融战，金融博弈与国家安全

金融战，金融博弈是实际存在的，美国军方非常重视它，但很多人却不屑于货币战。卢卡斯讲过，“作为未来军方领导人，如果不懂金融战武器的话，你就算不上懂得战争的艺术”。所以，军人要了解金融，而且从某种程度上来说，军人了解金融比其他人了解金融更关系到国家的安全。

二、金融与军事之间关系的历史

金融在不断走向前台，军事在不断隐于幕后。金融和军事是目前财富分配的两个最基本的手段，没有其他手段比金融和军事更加激烈、直接。马克斯·韦伯写了一本书《新教伦理与资本主义》，书中谈到新教入世的禁欲主义伦理催生了资本主义精神。同时与之齐名的桑巴特写了一本《战争资本主义》，他认为战争催生了资本主义，这是和韦伯的观点并行的。他认为，现代军队从三方面推动了资本主义经济体系的发展，一是聚集财产；二是塑造观念，现代化大生产企业生产线、流水线上的工人是最要讲纪律性和秩序的，而这来源于军队的纪律性与战争的塑造；三是形成市场，军队把市场推进到军队到达的地方。他认为是战争催生了国家信用，因为战争费用越来越昂贵，而私人承担不起昂贵的费用，只有国家信用作为后盾才能承担得起战争昂贵的代价。私人性金融活动，也就是个人借贷，由来已久。国家信用是15、16世纪才兴起的，而且一开始就为战争提供融资，反过来战争与军事活动又为国家信用扩张提供了支撑。从14世纪开始，整个欧洲世界都是一片战乱，14、15世纪英国和法国争夺了100年，16世纪只有25年没有打仗，17世纪只有21年没有打仗，200年里有154年都在打仗。

更麻烦的是，战争规模越来越大，费用越来越昂贵，不是所有君主、指挥官与军人能够负担得起的，战争作为一门生意也不是所有的私人和私人企业都能做得下去的。在古罗马、古希腊，只有贵族才能成为军人，因为打仗是自备干粮，自备刀枪剑戟。军费是由参军的个人承担的，只有贵族才能成为军人，同时以战利品作为补偿。发展到后来，国家把战争承包给私人公司，当年英国和葡萄牙、西班牙在海上争霸时，英国女王经常发布通报寻找承包、竞标公司，结束后公司分部分利益给国家，其他的战费都是由公司负担，但战利品也是属于公司的，因此，指挥官承担多，得到的战利品也相应更多一些。

发展到15世纪以后，战争越来越昂贵。16世纪50年代运送一门大型攻城炮需要39匹马，再加上一周的弹药供应，还要增加156匹马，一个世纪后，运送一行10门攻城炮、10门迫击炮的话，需要1849头公牛和753辆大车，喂养这些公牛和拉车的动物，再加上马匹要400亩草场的草量，这已经是入不敷出了。3万人的军队，正常供应食品的话，每天需要4.5万镑面包，需要10万镑的面粉，还有炉子。个人承担不起，只有国家能承担。而且战费是成倍成倍地增加，这时候国家信用出现了。

国家靠税收筹钱，但税收毕竟很有限，于是国家就以自己的名义发行战争公债，国家信用就此产生。这是英国的情况，英国有两个著名的经济学家：一个是庇古，一个是凯恩斯，庇古的成名作是《战争经济学》，凯恩斯的成名作是《战费的筹措》，其中的部分原因就是英国在这场金融战中是最成功的。战争中利率很高，因此每个人都会从私人信贷中撤出资金转而投向更为有利的市场借贷，其中政府利率至少20%或30%，这些借贷给政府的钱几年内就会还本，然后再借贷给政府购买新的国债，获利如此丰厚，因而在60年间借贷规模攀升到8000万镑，国家的信用非常好，所以大家都购买国债。

国家信用的抵押物除税收之外，当时最重要的就是土地，当然也有其他财富。把这些在战争中预期可能获得的土地“作价”，作价以后“证券化”，然后进行市场交易，也可以交易其“期权”衍生品，这促进了金融市场的发展和信用形式的多样化。所以，战争与金融市场的发展是直接相关的。最早的衍生品交易，就是土地抵押之后证券化的期权交易。战争引起的国家信用的产生和扩张开启了财富金融化，金融全球化。

财富金融化，金岩石叫它“财富货币化”，土地、自然矿产是实物，不能搬动，但是可以通过产权化、证券化、经营票据化把它变成流通的金融资本自由流动。英国发行国债，以战争可能获得的土地作为期权抵押，把财富货币化了。财富金融化或财富货币化解决了价值跨时间的存储、移置问题。比如，之前一个日本人想要购买中国的土地要到中国来购买。现在土地证券化以后，他把债券买过去，这个土地就是他的了。所以跨时间的存储只有金融化才能解决，它加速了财富增值，但它的负面影响是，如果国家财富都金融化以后，国家财富的消长就变得非常容易了。原来占有中国的土地要依靠军事的手段，现在不需要，利用东京、纽约的操作计算机就可以购买到了。财富金融化促进了金融全球化，争夺殖民地的战争蔓延到哪国，财富金融化进程就随之跟进到哪国。16—19世纪战争就充当了推进经济全球化的角色。

金融手段之所以越来越重要，是因为以往依靠军事手段才能获得的土地、资源和市场等财富，因为金融化、货币化，其价值的跨国性转移已经几乎没有障碍，它们不必再依靠军事手段获得，而通过金融手段获得。军事慢慢退到幕后，金融慢慢走向前台。暴力退居二线，金融手段不断走向前台。罗斯柴尔德说："让我来控制国家的货币体系，我才不在乎谁制定它的法律。" 西方有一个谚语 "治钱者治一切"。

然而这并不意味着军事手段不再重要，恰恰相反，国家信用的真正抵押物还是军事实力。英国预期战争中可以获得的土地，如果战争打不赢，收益肯定兑现不了。所以只有军事实力能够覆盖的范围，国家信用边界才能扩展。而国家实力能够覆盖的范围的终极手段还是军事。这是相互促进的过程，表面看金融往前台走，军事往幕后站了，但国家实力真正的终极手段还是军事。

世界储备货币变化的历史就是军事强国不断被后来者替代的历史。最早葡萄牙被西班牙取代了，西班牙又被荷兰取代，荷兰又被法国取代，法国又被英国取代，英国被美国取代了。按照这个时间表，美元霸权可以维持到 2030 年，那么 2030 年以后是人民币吗？从最早的葡萄牙再到美国，是军事强国不断被替代的历史。相应的，货币则是英镑替代法郎，美元替代英镑。

英镑对法郎的替代。按照《剑桥战争史》，英国拥有欧洲最合理、最有效的战费体系。英国筹集战争资本的能力建立在政府能力和商业信用上，偿债能力也非常好，当时英国的军队战无不胜，所有的期权都能兑现。这一切依赖于战争中表现出的实力。法国人金融能力相对不足主要是因为拿破仑是个军事天才，但不懂金融，不懂得把军事胜利转化为巩固和扩张国家信用，在他的铁蹄踏遍欧洲大陆期间，为了支付庞大的军队和战争费用，只有掠夺这种方法。即使能够掠夺到足够的经费，但也疏离了归顺的民族和不甘心的盟友，从而为他的衰亡铺就了道路。英法为争夺海上霸权进行了七年战争，英国胜利了，在北美接管了加拿大，还控制了密西西比河以东的新法兰西，还有更为重要的印度（原来是法国的殖民地），英国商船进入海洋，才有英镑对法郎的替代。

美元对英镑的替代。1920 年美元就替代了英镑成为世界储备货币，因为 1921 年五国在华盛顿签订了《五国海军条约》，五个国家海上争霸，英国本来在海上拥有绝对霸权，但后来美国不甘心，提出海权论之后开始和英国进行海上争霸，经过第一次世界大战，英国海上力量被削弱之后，美国的海军力量超过了英国。为避免五个国家打仗，五国在华盛顿签订了一个条约：各签约国主力舰吨位不能超过本条所规定的水平，其中美国是 52. 5 万吨，大英帝国 52. 5 万吨。这意味着这个条约承认了美国在海上与英国平起平坐的地位，而当时美国正是一个上升的国家，英国正是衰弱的国家，这个条约签订标志美元成为储备货币，英镑被美元替代了。所以，军事实力是一个国家信用的抵押物，国家信用还是要靠军事实力支撑。

三、以布雷顿森林协议为例实证分析

布雷顿森林协议中英国甘心进一步把金融霸主地位交给美国是为了在战争中存活下来，与美国达成一笔浮士德式的交易，这笔交易是布雷顿森林戏剧性事件的一个核心要素。布雷顿森林协议是 1944 年开会签订的协议，谈判是 1941 年开始的。1941 年英国在战争中已经坚持不下去了。此时，美国参战的同时给了英国人一份协议，要求它进一步开放市场，扫除美元进入欧洲的障碍。接着，美元霸权地位的巩固与马歇尔有关，就是军人出身的马歇尔在金融领域做了两件非常有名的事情。第一件事情，在欧洲战场上，当时美国军队带的辎重已经很多，但是他要求美国军队必须有美元，仗打到哪里必须要把美元投放到哪里。第二件事情，就是历史上留下的马歇尔计划，背景是二战布雷顿森林以后，美国动员起来的巨大的生产能力突然变得过剩。本来它可以把这些东西卖给其他国家，但欧洲一片废墟，没有钱买美国的产品和服务。因此马歇尔提出，美国政府可以把美元借贷给受援国，受援国可以用美元买美国货用于战后重建，但受援国将来还的时候要还黄金，不是还美元。这个计划非常巧妙地把美国产能转换为美国债券，把美国霸权地位进一步巩固了下来。之前有人说中国是不是也把钱借给发展中国家，让它们买中国的产品和劳务。后来我说这还得慎重，因为马歇尔这样做的原因在于美国军队当时就驻扎在欧洲，欧洲人不敢不还钱。而中国军队现在没有驻扎地，没有这个底气。

但是布雷顿森林运转到20世纪60年代末、70年代初时遇到一个大问题，当时欧洲国家，包括日本，手里积累了大量的美元（因为和美国人做生意），但布雷顿森林是和美元挂钩，美元和黄金挂钩。就想把黄金换回来，美国没有那么多黄金可以用来支付，这个体系已经运转不下去了，这时候出来一个奇才解决了这个问题，他就是约翰·康纳利，也是军事高手。他任财长时，下令关闭美元的黄金兑换窗口。接着，让德国马克升值，他用军事的方法说服德国人让步。他讲过一个著名的名言："美元是我们的货币，却是你们的麻烦！"历史上只有两个国家遭受了这样的屈辱，还有一个国家是1986年的日本，广场协议，日元大幅度升值，美元贬值。这两个国家都有共同的特点，都是二战的战败国，而且都有美国驻军。所以，我们可以看得出来，金融在前台，但幕后支撑的实际还是军事实力。也是康纳利，后来一直主导了牙买加协议，1976年美元关闭黄金兑换窗口以后，康纳利做出新的方案，和各个国家谈判，所以才有了1977年6月的牙买加协议，美元与黄金脱钩，赋予美元世界基础货币的超级特权。实际上，美元取代了黄金。

牙买加协议本身非常不公平，当时参加谈判的一位德国银行家威廉姆斯说："一个主要的政治问题是，美元标准把世界货币政策的决策权置于一个国家手中，而这个国家也就因此能够极大地影响其他国家的经济命运。为了相互依赖的利益而牺牲主权是一回事，但如果双方的关系是单方面的，那就又是另一回事了。两者的区别就如同是欧洲共同体与一个殖民帝国之间的区别。"他知道不公平，但还是接受了，最后的底线就是军事。从此美元享受超级特权。

1976年开始两个进程加速，一是国家财富金融化进程加速，二是金融全球化进程加快。20 世纪 70 年代有个理论，金融抑制和金融深化，提出这个理论的一是麦金龙，二是爱德华·肖，爱德华·肖也是海军学院教授，他认为发展中国家之所以经济不好是因为金融市场扭曲，所以他提出金融深化理论，这个理论极大地促进了发展中国家的金融自由化、全球化的开放，极大地促进了全球化，现在每天金融资产交易量是贸易交易量的 80 倍。还有一个是全球美国化，这两者相互交织，相互促进，不断巩固美国超级特权地位和美国操控全世界金融的能力，量子基金会的总裁吉姆·罗杰斯曾经说，美联储不仅是美联储，还是世界的中央银行。

汤姆斯·巴奈特（Thomas Barnett）——美国海军学院教授，他说："美元是美国最重要的出口商品。它的生产成本不到 1 美分，但这个价值却是它的面值，美国武装力量的核心任务之一，就是保证美元能让全世界接受。"

美国军费开支是它后面 8 个国家的总和。单说航空母舰，美国是 19 艘，目前服役的是 10 艘，法国是 4 艘，日本是 3 艘，美国的军事实力在支撑着它的美元实力。美国在全球的 374 个军事基地，分布在 140 多个国家和地区，驻军 30 万人。美国人原来讲"商船到了哪里，军舰就应该跟到哪里"。现在美国教授讲"美元到了哪里，国家经济安全的边疆就延伸到哪里，有效打击范围就应该覆盖到哪里"。

因此，金融的最终支撑还是军事实力。

四、美国金融霸权与中国金融和军事安全

美国金融霸权的手段有以下几种：

第一，操纵汇率，对冲美国巨额债务。美国政府债 20 万亿美元，整个债务加起来超过 20 万亿美元。现在美国 20 万亿美元政府债只占全部债务的 10%，全部债务占到 GDP 的 1100%，其中 6 万多亿美元是国外（包括中国在内）购买形成的。

操纵汇率的过程。过去一个世纪，美元购买力的变化：1900 年 1 美元可以买一双皮鞋，1910 年 1 美元可以买一套女装，1920 年可以买 5 磅糖，1940 年可以买 20 瓶可乐，1920 年可以在网上下载一首歌。

1999—2017 年美元和黄金的价值变化。1999 年 1000 美元可以买 40 盎司黄金，2017 年 1000 美元只能买 0.8 盎司黄金。美国操纵汇率，美元贬值可以不断对冲货物，获取财富。

第二，金融制裁。相对于贸易制裁，金融制裁效果更佳。最典型的是伊拉克和南联盟长期受金融制裁，造成被制裁国“硬通货”奇缺，本币大幅贬值，无法从国际市场上获得需要的物资，耗尽了被制裁国的国力与民气，从而加速了被制裁国的溃败。之前美国制裁南联盟，和今天的朝鲜一样，结果是，南联盟的本币第纳尔贬值到背离基本价值面，美元储备消耗殆尽。米洛舍维奇为了缓解美国制裁，任用了一个双重身份的帕里奇（音译），希望缓和与美国的关系，但美国没有停止制裁的脚步。科索沃战争之前，南联盟国库里只有 37 亿美元外汇储备。米洛舍维奇也是金融操作高手，看到本币还在贬值，干脆把 37 亿美元全部投放到市场对冲，想把本币拉一下，让美元贬值，逢低将美元吸纳回来。结果这批美元投放到市场上如泥牛入海，这也注定了他在战场上失败的命运。这是金融制裁作为一个手段的作用。

第三，“货币战争”。最典型的是里根政府打垮苏联，为此美国专门制定了周密的金融攻击计划。当时里根政府发现了苏联一个弱点：对硬通货（美元）的依赖。当时有两个阵营，一是北约国家（欧洲国家），另一个是华约国家（社会主义阵营），社会主义国家是易货贸易，货物交换，不以货币作为中介。但与北约之间关系已经有所缓和，已经可以从欧洲获得一些美元，可以买当时苏联奇缺的商品，最重要的是输油管用的钢材。苏联对石油的依赖性非常大，但输油管钢材质量老是过不了关，它从欧洲获得美元到国际市场上买，用美元到国际市场换一些关键的技术。这时候对硬通货的依赖成为苏联致命的弱点，这个弱点被美国发现并抓住，于是美国制定了一个计划——国家安全决策指引 NSDD-66 号。它有三个要点：

要点一：要迫使欧洲不能以优于市场的利率向莫斯科提供信贷。当时西欧不仅向苏联提供巨额贷款（美元贷款），而且贷款利率是 7%，只有市场贷款的一半，美国人就判断，向克里姆林宫提供的贷款所产生的利益如此之大，真是令人难以置信。西欧国家内部也得不到这么低的利率。为了拦截渠道，1981 年 3 月 15 日，巴克利（美国中情局驻布鲁特情报战站长）和一个金融专家小组到欧洲访问，要求经合组织相关协议重新把苏联归类为“相对富裕的国家”，以取代原来的“中间借贷国”的地位，这将使苏联借贷利息率最少支付 11.2%，后来，美国再压迫欧洲一律停止对“较富裕国家”的所有补贴。苏联不得不以 17%的实际利率支付利息。

要点二：以前瞻性方式与盟国合作，以减少欧洲对苏联能源的依赖，不允许苏联利用西方关键技术来维持其经济体制。背景是，苏联对欧洲天然气出口，占到苏联全部硬通货收入 60%以上，而当时苏联正在建第二条西伯利亚天然气管道，无缝钢管和汽轮机技术都是不过关的，正准备从西方得到这个技术。而美国的操作是，1981 年年初美国中情局局长凯西直接告诉沙特法赫德政权，美国将尽最大努力打击沙特“不共戴天的敌人”——伊朗与苏联，同时要求沙特以增加原油供应降低油价作为回报；同时，警告欧洲按巴统（COCOM）协议停止向苏联供应汽轮机和无缝钢管等设备，结果仅石油价格下降就使苏联损失百亿美元以上。

要点三：鼓励“团结工会”反政府活动使波兰丧失偿还债务能力，把作为波兰最大金融担保者的莫斯科推到失信者境地。当时以华约国家为主的社会主义国家向欧洲贷款时，苏联是作为担保国出面的，尤其波兰向西方阵营借的贷款都是苏联担保的。1981 年年初，美国公开或私下接触“团结工会”领导人，支持其领导的“民主”运动，这使波兰很快陷入内乱，外汇收入急剧下降导致还贷能力丧失。

这三点破坏了苏联持有美元硬通货的能力。然而，俄罗斯对最近的制裁准备充分。从2006年开始，普京增加黄金储备，黄金储备到现在已经翻了一倍。

美国强迫沙特降油价的举动非常不合理，因为当时国际油价已经很低，海湾国家财政上已经很吃紧了。俄罗斯产油成本17.3美元/桶，美国是36.3美元/桶，美国产一桶油的成本比俄罗斯还高。沙特成本9.9美元/桶，这次价格下降受害者不止是俄罗斯一家。2016年之前，中国第一大石油进口国是沙特，2016年开始已经是俄罗斯了。这次石油价格的下降，压着沙特降低石油产量实际是双刃剑，美国本身的石油公司亏损很大，而且俄罗斯现在的外汇储备还有将近4000亿美元，它现在在世界外汇储备国家里排在前10名。它的外汇储备比印度还要高，所以它的抗压能力今非昔比。预言俄罗斯马上要崩溃的人注定是要失败的。这是俄罗斯对美国的货币战争。

第四，信用评估陷阱。国家的财富有三种：土地，人民，集体自尊（荣誉）。集体自尊也是国家信用，也是国家体系有机组成部分，信用评级市场的垄断也是美国霸权的一个手段。

专栏作家弗里德曼说："我们生活在两个超级大国的世界里，一个是美国，一个是穆迪，美国可以用炸弹摧毁一个国家，穆迪可以用债券降级毁灭一个国家，有时候两者的力量说不上谁更大。"

美国的信用记录部分是不好的，尤其国际金融危机爆发之前，三大评级机构给美国次级债务评级，75%都以A级评价，10%是2A级，只有8%是3A级，只有7%是3B级。雷曼兄弟倒闭前数天，穆迪曾给该投行的债务以2A评级。美国国际集团AIG在2008年9月被美国政府接管前一个星期，穆迪还给该保险巨头无担保3A级的评价。这些金融机构没有信用，但背后支撑的也是美国的军事。

它们之所以横行于世界，是因为美国证券与交易委员会（SEC）于

1975 年认可穆迪、标普、惠誉三家公司为“全国认定的评级机构”并规定，外国筹资者在美国金融市场融资时，必须接受这个评级公司的评估。美国监管机构进行监管的依据也是以三家机构评级结果为依据。所以，美国以政府的国家信用形式确立了评级机构的垄断地位，它可以行使霸权。

1997 年，美国穆迪宣布对日本四大券商之一的山一证券降级，美国美林公司以极低的价格接管了山一证券。2003 年德国坚决反对美发动伊拉克战争，结果德国企业被标普降低信用评价，导致包括最大的钢铁制造商克虏伯在内的相关企业股价跌至有史以来的最低点。澳大利亚全力支持美对伊战争，标普对澳大利亚外汇债券评级升级到 3A 级。

2009 年年底，美国当时正在救市，要不断扩大流动性，发行美元，穆迪突然宣布下调希腊主权评级。欧元大幅度贬值，此后半年内，希腊主权信用连续遭到国际三大信用评级机构下调，2011 年 6 月被评为“垃圾级”。我国也借鉴美国的做法，当时扶持大公国际制定了比较苛刻的对美国信用评级公司进入中国债券市场的门槛，这一次中美百日谈判，又允许美国信用评级机构进入。国际市场就这样博弈，时而放一点，时而紧一点。

第五，智能帝国主义。布热津斯基倡导智能帝国主义，他说“利用独裁者与贪腐高管的金融账户，迫使其按美国利益行事，也可用于换掉美国不喜欢的统治者”。

“9 · 11”事件之后，美国对总部位于布鲁塞尔的环球同业银行金融电讯协会（SWIFT）施以高压，要求其监控全球 200 多个国家和地区近 8000 家金融机构的交易情况。金融危机后，又以打击避税行为为名，强行撬开世界“最安全保险柜”。2009 年 9 月，瑞士银行巨头瑞银集团同意提交 4000 多个账户的信息。2012 年 6 月，瑞士议会通过了与银行保密制度“说再见”的协议。

第六，军事打击。如果这样还是阻碍霸权地位的话就采取军事打击。《华尔街的全球赌博》里面提到，布雷顿森林体系解体意味着，美国从此不再需要维持美元对黄金以及其他任何货币的平价，美元变得几乎不受任何外在约束。美国生产性资本主义变成纯粹私利性的“赌场资本主义”，除了军事工业之外，美国的其他实体经济一蹶不振，但是它主要靠军事和金融，所以只要它的军事工业支撑它的金融业就行了。

20 世纪 1/4 的时间里，美国投机资本利益大小全赖于金融资本在全球扩张的范围，于是，地缘政治部分让位于“币缘政治”。

美国打伊拉克主要是伊拉克阻碍了美元华尔街体系在这个地区的扩张，与科威特、沙特一小撮掌控着全部石油资源，并将石油美元存放于华尔街的上层腐败的王公们不同的是，以萨达姆为首的阿拉伯复兴党世俗政权，致力于国内独立的现代化建设，致力于统一与复兴阿拉伯民族，但它同时使得美元华尔街体系在这个地区的扩张受到威胁。因此，无论有没有大规模杀伤性武器，是不是独裁，美国一定要消灭伊拉克，这就是它的逻辑。这个逻辑是成立的，因为打伊拉克有两个理由，一是大规模杀伤性武器，实际已经不存在了，二是独裁。美国《新闻周刊》在 2001 年 10 月 15 日的评论，这样说道：“在中东诸国中，伊拉克甚至算得上是私有化最早，工业化、城市化最快，社会组织与国家各方面设施完善，人民受教育程度最高的国家之一，其执政者的独裁与腐败也远赶不上科威特、沙特，这些海湾的酋长们掌握着全部资源，挥金如土，经费支出令人难以置信。仅举一例，一个受宠的沙特公主只有 25 岁，就在利雅得接受了一个价值 3 亿美元的宫殿作为赏赐。即使伊拉克某种程度上存在着腐败，但盈余大部分还是投资于本国的发展。”美国并不是要推广它的民主和价值观，而是为了美元的扩张。

科索沃战争，按照地缘政治逻辑，实际是因为欧元调整美元的地位，所以美国要打科索沃。

习近平 2017 年 4 月 25 日讲道：“在经济全球化深入发展的今天，金融危机外溢性凸显，国际金融风险点仍然不少。一些国家的货币政策和财政政策调整形成的风险外溢效应，有可能对我国金融安全形成外部冲击。”

金融安全最大的扰动因素就是美元。美国金融手段在中国的表现，第一是汇率风险，美国克鲁格曼认为，“中国一手把自己推向美元陷阱，现在不知如何脱身”。美国外交关系委员会认为，中国 1.5 万亿美元资产，人民币兑美元 30%的变动，意味着世界 500 亿美元的损失。美国的美元资产安全被反复作为筹码在价值谈判中使用，尤其是两房的债券。

第二个是政策协调风险，内部要稳经济，按理货币政策应该偏宽松，但美元却加息，或者加息预期，目的是对冲人民币贬值预期，我国又只能收紧。到中国参加“首席经济论坛”的里卡兹（Rickards）根据在上海、天津、湖北的见闻给美国内部提交了一份报告说：“中国可能面临一场经济危机，外有美元升息预期，内有债务水平高企，这将迫使其收紧货币政策，而一旦收紧货币政策，对已在困境中的中国来说，那将是地狱般的灾难。中国人想让人民币做美元的事，但目前还没有资格与美国硬碰硬。”

世界银行 2007 年 5 月 30 日在《中国经济季报》指出：中国银行股被贱卖，问题并不在 IPO 环节，而是在此前引入战略投资者的定价上。较低的入股价格使得境外战略投资者们在中国金融股身上享受着暴利。定价低的原因就是评级机构做空。2003 年，我国银行业都谋求海外上市，当时美国标准普尔宣布维持中国主权评级 3B 级，同时，把中国 13 家商业银行的信用级别评为不具备投资价值的垃圾等级。

第三是信息攻击的风险，国内金融机构的硬件、软件、操作系统、核心数据都在美国。美国《联合作战环境分析》讲：“可实现对敌金融系统、股票交易系统以及其他重要数据库发起攻击，使其瞬间瘫痪。”这次勒索病毒也是一次预演，我国不堪一击。智能帝国主义也是针对中国的，具体的文件有巴拿马文件和其他文件，2016 年 3 月，高通和美国证监会达成和解认罚 750 万美元。2016 年 1 月，对 JP 摩根实行 2 亿美元的罚款。

第四是货币战争的风险，或者热战的风险，中国和美国，一个是红色共产主义，一个是资本主义堡垒，是利益攸关方，就是因为中国有巨额的美元储备，美国实际把中国作为蓄水池，要美元回流就从中国抽回来，要挤就挤出去。因为美元又附加了大量的财富，因此中国也是财富蓄水池。

2009 年，因为美国量化货币政策 QE3，我国在国际上提出要实现国际货币体系的改革，推动国际结算货币和储备货币的多元化，特别是人民币国际化进展加速。从 2009 年金砖国家领导人会议开始，首先鼓励新兴经济市场体之间贸易本币结算，2008 年以来，我国一共与 36 个国家实现了货币互换协议，其中有 21 个是“一带一路”沿线国家，额度超过 3.3 万亿元人民币。这是人民币国际支付份额，最高的时候曾经排在美元和日元后面，排第三，现在是排第六。人民币国际化速度很快，还有亚投行建设速度也很快，现在它有 90 个成员。

中国人民币国际化速度让美国警惕了，而人民币国际化启动的年份就是 2009 年。所以，从 2009 年开始周边的形势急转直下，南海问题升温，朝鲜问题升温也是从 2009 年开始，这不仅仅是因为军事原因，更是因为人民币国际化的威胁。朝鲜问题也有美国的身影，也就是乔良教授说的：“实际世界上有一个国家最不希望朝鲜半岛弃核就是美国。”实际很多次朝鲜半岛利益方都已经接近达成协议了。

五、大战略下统筹金融安全与军事力量建设

习近平同志给军队定的目标，是要建设世界一流军队。世界一流不再是区域性的了，而且是一流军队，要与世界强国比肩。战略仍然是积极防御，但积极防御的含义也有所变化。防御也不再是国土防御，前推防御的前沿，首先把前沿推到第一岛链到第二岛链。防御前沿向东前推了 2000 公里，向南前推了 6000 公里，整个西太平洋地区和北印度洋地区都是我们想

达到的防御范围。

还有高边疆和太空，空军的战略是“空天一体，攻防兼备”，还有“新边疆网络”，所以，这个积极防御的含义也不一样了。建设的重点是增加军队的机动性，提高战略投送能力、远距离打击能力。然后要改革，改革有三个重点：

第一，指挥与管理体制改革，军委管总，战区管战，军种管建。原来职能边界模糊，不叫战区，叫军区，既要管军队建设，又管军队管理，还要管打仗，重点不突出，现在战区方向是把内和外都统筹起来考虑了。

第二，规模结构和力量编制改革，整个目标是“充实、合成、多能、灵活、方向、发展”。充分，就是好刀用在刀刃上，大量压缩、精简与打仗无关的机构和单位，解决头重脚轻尾巴沉的问题，要裁军 30 万；合成，就是打破壁垒，把军种联合起来，把兵种整合到基本作战单位；多能，就是实行多样化的军事任务，打得垮强敌也灭得了蟊贼；灵活，根据不同的任务进行模块化编制，适应不同的作战对象、作战环境、作战任务需求，发挥最大的效能。

第三，军民深度融合。世界上的强国都是军民融合做得好的国家，无论是小国以色列，还是大国美国，军民融合都很好，我国这几年船舶工业发展迅速，军事需求支撑我国经济发展。

目标是为国家利益的拓展提供力量支撑，同时也是为人民币走出去提供力量支撑。最近“一带一路”会议在中国召开高峰论坛。实际从公元前 130 年汉代的丝绸之路一直到大明帝国公元 1543 年，当时土耳其和奥斯曼帝国强行中断了丝绸之路。中国推动全球化将近 1600 年，都是中国在引导世界的全球化。通过中国的丝绸之路扩展金融全球化。我国有那么大的能量就是因为汉武帝划定了中国作为一个农业民族与当时北方和西部游牧民族的利益边界，也划定了中国大众化的基本版图。他通过漠南、河西和漠北三战把河西走廊打通，然后把整个西域 36 国纳入自己的控制之下。所以，没有这种军事实力作为支撑，丝绸之路通不了。

美国认为中国海军要建立所谓的“珍珠链”。人民币到哪里，利益边界就到哪里。我国不建军事基地，我国总体安全观是要排除零和思维，倡导双赢。在海外可以有补给地，为军事力量走出去提供支撑，但不建军事基地。我国历史上最大的一次金融财富的剥夺就是甲午战争，是被日本剥夺的，战败以后四万万人齐下泪，天涯何处是神州，赔了日本白银二亿两，是日本6年财政收入的总和，支撑了日本的现代化，2015年是甲午战争120周年，习近平同志说，“我看近代史的时候常常有一种痛彻心扉的感觉”。

我想起两句话：第一句话是，一个国家的外交实力取决于这个国家的军队在战场上能够给对手造成多大破坏的能力。第二句话是，军人在战场上得不到的东西，不要指望外交官能在谈判桌上得到。稍微再延伸一点，讲到朝鲜战争、抗美援朝，基辛格书中有两段话，“从广泛意义上讲，朝鲜战争对中国而言不只是打了个平手，它确立了新生的中华人民共和国作为军事强国和亚洲革命中心的地位，它还建立了中国作为一个令人生畏对手的军事威信，在以后的几十年中，这一威信始终不坠”，“战场上的胜利使中国在经过几十年的软弱挨打之后，获得了精神上的重生，尽管战争打完后中国已筋疲力尽，但它在自己和世界的眼中都换了崭新的面貌”。从1840年以来，中国唯一的一场打成平手的战争产生于抗美援朝。我认为，金融和军事一样作为财富再分配的基本手段，金融在国内结果只能是贫富分化，社会分裂，所以金融要国际化。但在国际上必须有军事实力做后盾。我认为，覆巢之下焉有完卵，大战略才能从根本上保安全，技术层面至多应对小问题，金融安全必须置于国家安全大战略和大框架里来考虑，在建设强大的国防和强大的军队方面，我国需要有统一的坚强意志，我也希望得到在座未来金融家们对军队建设的支持。

点 评

崔之元：在中国，军事和金融关系领域不是主流经济学家的任务，这领域好像有点不入流。但是在外国，一位非常主流的经济学家奥利弗·布兰查德——国际货币基金组织在金融危机以后（2008—2015年）任命的首席经济学家，在2016年《关于货币战争协调和资本控制》的文章里，认可了这两者的关系，更主流的经济学家也都认可了。

昨天中国人民银行和香港金融管理局联合发布“债券通”，之前我们有股票的沪港通、深港通。但昨天的“债券通”是更大的动作，因为在世界上债市的规模是大于股市的，这和昨天“一带一路”峰会闭幕并不完全偶然。我认为昨天宣布的“债券通”是非常重要的，因为它有利于很多国家：比如企业在香港发行债券，促进“一带一路”战略的实施。

接着，我觉得我们需要有王道和霸道，其中霸道作为捍卫、保卫的底线，但同时目标反映王道。就像习主席说的：践行着新型的人类命运共同体，新型的国际关系，新型的发展方式，而“一带一路”代表的新方式是一种王道。所以，我们必须两手都要硬：既要有军事力量，也要有创新力量。我们新的理念是中国愿同世界各国分享发展经验，但不会干涉他国内政，不会输出社会制度和发展模式，更不会强加于人，中国推进“一带一路”建设不会重复地缘博弈的老套路，而将开创合作共赢的新模式，不会形成破坏稳定的小集团，而将建设社会共存的大家庭。

“一带一路”被广泛认为是对原来的国际组织，特别是布雷顿森林体系所代表的国际货币基金组织IMF、WTO的创新。“布雷顿森林体系”美国谈判代表怀特对未来人类社会大家庭或者习主席现在说的人类命运共同体有自己的理念，他认为苏联当时率先进行的五年计划等是有进步意义的，苏美应该合作，此外，他非常强调罗斯福新政的进步意义。20世纪90年代，里根、撒切尔的新自由主义非常流行，所以国际货币基金组织、世界银行才形成了一种“华盛顿共识”或者“新自由主义”，它强加一套全面私有化，全面放开的方案给发展中国家，所以很多发展中国家坚决反对，其中就包括中国，相应地，中国提出了“北京共识”，现在发展到“中国道路”，目的是来应对华盛顿共识。然而，如果我们看布雷顿森林体系的初心不是华盛顿共识，或者不全是，而是国际发展，那么这个就是加拿大国际政治经济学家埃瑞格海伦纳（音译）《布雷顿森林体系被遗忘的》里面吸收的重要观点，其中他考证孙中山的建国大纲是否应该被认为是最具有现代意义的经济发展纲领。而中国在1949年布雷顿森林谈判里作为投票权第四大的（国家），中国的谈判代表提出很重要的建议：世界银行应该作为国际发展组织，类似“一带一路”这种国际发展的组织。我认为习主席提出的“一带一路”方案，实际是继承和发展了布雷顿森林体系中被遗忘的基础。因此，它是具有深远意义的。

郝一生：我认为从2017年开始，中国整个国家战略和发展方向应该发生一个转变，这个转变就是“一带一路”。我认为我国的军队今天可以为“一带一路”保驾护航。再者，在您的这个国防经济体系当中还缺少和平时期在国际上的国防成本评估体系这一块。今后当我国的军队真的要为“一带一路”保驾护航的时候，要有个成本核算，如果收入不如（预期），那就不要支出。

李晓：今天周来用非常宏大的视野，从古到今，由内及外给我们展现了战略话题，从大国崛起，民族博弈，习主席所倡导的“天下观”角度考量经济学和金融学的问题。国家信用的确立，在西方那是到了15、16世纪之后的事情。但是在我们中国，战争与金融，特别是战争与国家信用的结合，早在汉武帝的时代就已经开始了。

汉武帝当时除了打匈奴，开疆拓土，还有一个非常重要的举措是开发西南夷，一直打到现在的广西、越南北部地区。军队远征的粮草问题就是用发给商人和富豪的凭证解决的，而支撑这个信用的，就是国家。这样的凭证就属于典型的战争和金融，或者战争与国家信用的结合。

而同样的做法，到了唐宋时期，尤其到北宋，为了解决北方驻军问题，政府还是用这个办法来解决。和现在不同的是，当时拿出交换的是国家专门的物资——盐和茶，就是这样一个交换的有价证券，后来演化成了大家都知道的，由我国所发明的人类历史上最早的纸币——交子。这说明当时有价证券交易市场还是非常发达的。在西方，欧洲到了16、17世纪，由国家的信用支撑建立起来的一种金融体系当然是和战争紧密地联系在一起的。因此，如果把战争、金融、国家信用几个要素结合在一起的话，最早的发明者应该是中国，而且是2100年以前的汉武帝时代的中国。

杨帆：第一，1994年，首先是由我和左大培提出来反对新自由主义的。第二，非主流的意思是反对新自由主义。第三，《货币战争》中用战争的思维来说货币，这是和主流的规律论相对立的。阴谋论和规律论是矛盾的统一，这个核心在于打破了西方主流经济学所谓理性人的假设，理性人假设是个虚幻的，当然它有合理性，问题是这个理性人不是一个具体追求财富最大化的人，而是个抽象的理性人，我认为这个抽象的理性人世界上是存在的，是垄断资本、华尔街。

互动提问

问：现在国家的观念在持续地弱化，从全球看，不论是从军事，还是从语言和货币，语言和文化都已经不成为障碍。然而，中国文化现在还没有侵略性，比如新疆交通闭塞，伊斯兰教传播到了新疆就终止了，我们的文化本来就不是强势地位，我国文化如果反制不了伊斯兰文化，反制不了西方文化，我国如何面对未来的竞争？系统地来讲，应该从哪儿出发？从哪儿着手？

卢周来：第一，在全球化继续推进中，也许以后共产主义国家要“消亡”，但恰恰制定全球规则过程中国家作用会凸显，至少坐在谈判桌上代表国家谈判时国家的作用会凸显。制定规则阶段国家的主体地位要凸显，其中能在制定规则中占多大的份额很重要；规则制定以后，全球市场障碍消失了，也许国家民族边界也消失了。

第二，中国文化的魅力。公元前140年到公元1500年实际是中国文化在世界最强势的时候，中国文化吸收和融合外来文化：佛教到中国是（被）中国化的，回教和伊斯兰教也是部分被中国文化融合了的。中国文化的魅力在于我们传播的理念和西方不一样，要有文化自信。

问：布雷顿森林体系当中，美国要求欧洲国家归还黄金值得商榷，美国要求欧洲国家可以归还美元也可以归还黄金，这样美元才可以作为世界货币运行，当然美国手里掌握的美元最多，只是国际货币基金组织可以把黄金提取出来。

卢周来：从长期看，黄金还是支持货币信用的最基本的手段，但这只适用于国家，不适用于个人。也就是说，长期看黄金是要升值，是70年、50年？还是30年、10年？作为个人投资者来说意义就不大了。黄金实际是受到人为抑制的，美元除了要面对欧元、人民币对它构成的威胁之外，另外对它构成威胁的是黄金，美元恰恰很害怕黄金，所以美国人为地抑制黄金的涨价。这次俄罗斯有底气，是因为它从2005年开始就储备黄金。到国际赌场上只有两个通用，一个是美元，一个是黄金，其中黄金比美元还通用。尽管黄金与美元脱钩，但是长期看，支撑货币的信用还是黄金。

问：现在的战争方式在转变，这就是神经网络战，现在它不是那么重要，但可能很快取代超级导弹、货币转向区块链。它的变化导致“一带一路”布局是完全不一样的，对这个准确度、现实度怎么处理？

卢周来：我国边界拓展到哪里，安全范围就应该覆盖到哪里，不是国家利益边界到了哪儿，人民币流到哪里，军队就应该到哪里，有些地方军队不一定去。但至少“我们的安全范围能覆盖到那里”这个说法是成立的，其中包括“一带一路”。战争形势是围绕“一带一路”的，最主要的是特种部队要对付的恐怖主义，恐怖主义三角、白沙瓦一带，将来神经网络战再先进，特种部队作战是少不了的。

问：现在军工和民用企业合作的趋势应该是比较明确的，请问您对这方面有什么看法？

卢周来：习近平同志提出的军民深度融合发展战略，最重要的一点是实现军事工业和民用工业的融合，军转民，民转军。现在国家的国防科工局，国防科工系统、装备采办系统每年都给民企发放五级单位证和五级许可证，公开在装备保障部的网站上发布大量的许可证，一次放出好几亿元的军民采办规模，另外，民企可以参与竞争，民企系统尤其信息系统是可以转为军用的。但目前我国军用能力方面总体还是强于民企的，将来军民融合，交流、互动的趋势会越来越明显的。

问：谈到中国的崛起，绕不开俄罗斯，中国和俄罗斯出于某种战略考虑走得很近，您对中俄关系发展看法如何？现在军方有鸽派和鹰派，您有什么看法？您认为自己是鸽派还是鹰派？

卢周来：第一，中俄关系，个人观点认为，中俄关系在目前情况下，两个国家存在相互战略上的需要。小平同志确定的外交战略是国家利益高于一切，从我国利益的角度考虑，在当前形势下，中国基于战略需要还是要搞好中俄关系。大国之间博弈的微妙之处就是形势变化关系也会不断变化，所以要不断调整，适应和寻找平衡点。

第二，理论上讲军人只能是鹰派，时刻准备打仗派，因为军队存在就是为了随时准备打仗，不存在鸽派和鹰派之分，只是不同人讲话，可能柔一点，或者刚一点。

问：今天刚刚解决的全球黑客攻击，它勒索网民要求用比特币来结算，这是跨国别的，您怎么看？

卢周来：有人说美元霸权之后，2030 年以后就是世界货币，或者新的货币统治世界。今天有些企业鼓吹“无钞票世界”，它背后的目的是防止大规模兑现，因为只要保持它的数字化，不现钞，就不会发生大规模挤兑的现象，这就是克里斯说的要警惕“无钞票世界”的陷阱。

卢周来：最后，希望我国有强大的意志发展国防，我国以后是资本市场的弄潮儿，也希望国家未来对国防和军事予以巨大的支持。

第九篇

价值成长怎样炼成

——华泰保险20年探寻百年企业之路

蓟门法治金融论坛第37讲

时间：2017年6月1日

地点：中国政法大学蓟门桥校区科研楼二层报告厅

主持：刘纪鹏

主讲：王梓木，华泰保险集团董事长兼CEO

点评：胡继晔、巫云仙、王玲、洪崎、常保国

互动提问

主持人荐语

刘纪鹏：蓟门法治金融论坛邀请中国政法大学商学院理事、华泰保险公司王梓木董事长，就华泰如何实现稳健经营、健康发展20年，以及在科尔尼产业曲线指导下如何实现两次战略转型、坚持创新发展的情况，做相关案例分析报告。同时，王梓木先生还将从与巴菲特的一次对话谈及保险公司“保障为本、投资为辅”的理念：险资非赌资，管家非东家，股市非赌场；投资对保

险只能是锦上添花，绝非雪中送炭。这一报告无疑将对当前中国股市正确处理险资和投资的关系，以及对未来中国股市趋势的判断产生有益的借鉴。

华泰保险成立了21年，经历了风风雨雨。虽然我们发展得不是特别快，但我们很扎实，坚守了保险的本质，也坚守了诚信、创新、规范的初衷。华泰保险一路走来，历经了国家四个五年计划，经过两次重大战略转型，都取得了不同阶段的成就。接下来我的讲座内容主要为三部分：

一、稳健经营，走健康发展之路

保险业中企业的类型是有所不同的，华泰保险属于稳健发展的代表。有数据表明，企业存续期超过50年的在国外不超过5%，超过百年的不到1%。华泰保险现在已经存续了21年，我们立志要做一个百年老店。金融企业就是要以诚信为本，长久地存在。

多年来，华泰保险力求成为保险业市场中一颗健康的种子，代表一股健康的力量。华泰的健康生命力主要表现在盈利和分红方面处于行业领先。华泰保险成为国内唯一的一家自成立开始到现在，一直有盈利和分红的保险公司，这是我们的特征。这样的情况在国内200多家保险公司中是绝无仅有的。

公司运营的水平如何，究竟是看规模还是看效益？这是公司治理中最常见的简单问题。纵观世界500强，拿来相比较的是规模和效益。世界500强企业绝不仅仅只是规模500强，一定要讲究效益。西方发达国家中规模和效益是相当一致的，没有企业只说规模不看效益的。国内则不一样，中国企业500强多半看规模，特别是国有企业。华泰保险在2008年发表的中国服务企业500强中排294位，利润排名第48位，收入利润率竟然排名第一，这是一个非常奇特的现象。国内保险企业大多喜欢做大做强，华泰保险很早就是以做好做久为目标，立志做百年老店。

企业盈利水准高低，是企业成功与否的重要标准，股东投资也是为了看效益。企业存在的价值首先是盈利而不是追求规模，企业不创造价值，不为股东提供利润，不仅是企业领导者的失职，更是对社会财富的一种浪费。占有那么多的物质资源，不创造财富，是企业家的失职。不能创造价值的企业家，不是合格的企业家。企业家的核心要义，一是创利，二是创新。通过创利增加社会财富，通过创新推动社会进步。不仅仅要创造社会财富，还要从各个方面推动社会进步，比如企业治理、企业文化等。公司治理决定公司的存续，公司文化决定公司能够成长。德鲁克认为企业家存在就是为了创新。其实企业家创新的目的还是创利，或者先期垄断利润。所以，我认为创利是衡量企业是否成功的重要标准。

21年间，我国保险市场变化万千，华泰保险和泰康、新华是同时被批准成立的全国公司，它们做寿险，华泰做财险。当时批准的三家公司，一共用了四个字做名字，新华、泰康，华泰各取了他们两家的名字，这是历史的巧合。很长一段时间内我们通过内部积累，而不是通过股东增值扩股，通过自己积累就发展成为财险、寿险、资管、基金等板块于一身的多元金融保险集团，这也是业界绝无仅有的。公司净资产已经由初创时的13亿元变成了现在的130亿元，总资产高达400亿元，受托管理资产2000多亿元，主营业务复合增长率年均35%。华泰股东中，创始股东不仅通过分红收回了最初的投资，而且以每股净资产计算，账面价值已经增加了7倍。几年前一级市场的转让价格已经达到了17倍。

社会普遍关心的一个问题是保险和投资之间的关系。保险业内投资是我们一个很重要的功能。华泰成立以来坚持保险的本质，坚持以经营风险保障为自己的核心业务。保险公司是干什么的？是姓“保”的，经营风险保障业务的，而不是投资公司。但同时我们高度重视投资业务，强调保险和投资两个轮子一起转。华泰保险资金的运用在中国保险发展的历史上是做得比较早的，我们管理的资产从最初的 10 亿元到最高时候达到 3600 亿元，而这 3600 亿元当中 90% 以上是管理第三方的资产，不是华泰自己的资产。安邦成立前 5 年的资金运用权交给华泰，之后安邦就开始大展宏图了。

华泰 20 年综合收益率达到 11%，尽管如此，投资对于保险来说仍然是锦上添花，而不是雪中送炭。因为一旦出现了大规模的资本市场波动，就会发现投资在保险领域是雪上加霜。所以保险为主，投资为辅，是华泰长期坚持的原则。也就是说现在保险还是要姓保。目前国内有一种说法，中国保险一类姓“保”，一类姓“资”。华泰历史上来看是姓“保”的。目前，寿险公司保费大幅增长，前几年，中国寿险公司排位都是跳跃式的，说不定什么时候就杀出一匹黑马，这时候资产经营负债的模式大行其道，同时也给资本市场带来了重大影响。股市的波动，保险公司在其中扮演了重要的角色。华泰属于稳健型的保险公司，我们是负债驱动资产型。

现在也有人认为，寿险公司也可以实现负债和资产双轮驱动，互相驱动。太平洋人寿提出来“双轮驱动”。我们认为，负债成本过高，投资风险过大。市场上现在确实存在一些这样的公司，这样的公司发展进入一种危险的“快车道”，虽然发展很快，但风险也在快速积聚。华泰不主张也没有这样的实践，不能把一家保险公司的命运押在资本市场上，不能把中国的资本市场变成赌场，险资当成赌资，管家当成东家，这样会造成市场上的劣币驱逐良币，使保险业成为保险家的乐园，赌输是国家买单，赌赢了自己是英雄好汉。

华泰是保守型的保险公司，当然有人指责我们是小富即安。保险公司是经营风险的，保守应当成为其特质，保守并不是错误选择。把保险公司放到风险最高点上去是有问题的。

最常见的是巴菲特理论，国内有些企业走的是巴菲特道路，这无可厚非，但一定要弄懂巴菲特的情况。在中央电视台《对话》栏目里，嘉宾向巴菲特提了一个问题，巴菲特作为投资专家，应该青睐寿险公司，只有寿险公司才能买长期资金，为什么会买财险这种短期资金？巴菲特当时回答，寿险确实提供长期资金，但同时也是有长期负债。资金是有成本的，尤其在有成本的基础上，我要再对它进行重新配置，受影响最大的就是利率风险，利率是说不清的。而财险是一年结账一次，只要将公司的综合成本率控制在100%以内，所能运用的资金就是无成本的。所以，巴菲特非常注重保险公司的负债端。在选择财险公司时，他要求财险公司必须是盈利的，没有承保利润他也不会投资。怎么看资金运用和保费的关系，这是很简单的算术题。华泰保险20年投资，不是保险公司保费越多，可运用的资金越多，收入就越大。资本市场好的时候可以赌一把，但正常情况下不会这样的，因为资金一定是有成本的。以财险公司为例，如果我们有100亿元保费，年化收益率20亿元，除去各种成本，真正可以使用的一年最多20亿元，10%的收益率就2亿元，100亿元只有2亿元资金运用收益。综合成本超过102亿元时，这个公司就亏钱了。

二、两次战略转型，坚持创新发展

2000年，在对华泰保险具有历史意义的“香山会议”上，我们提出“不以保费论英雄，要以质量效益比高低”，因为那时候华泰做了三年再保险业务，亏了4亿元。当时我们请咨询公司做上市辅导，辅导完说华泰完全没有利润，按照国际标准也是亏损企业，怎么上市？所以我们第一次进行了企业的制度体系整顿，那次转型确立了“集约化管理，黏液化经营，质量效益型发展”的方针，这个方针进行到现在。2003年，华泰进行了制度体系调整，员工减少了 1/4，开始注重专业化经营。这之后市场份额随之下降，华泰曾经排在第 4 位，仅次于老四家，最后滑落到第 14 位。当时《证券市场周刊》发表了封面文章《华泰滑落》，我的照片就在封面上，影响很负面，外资保险第一大股东说美国市场的股票都跟着下跌。这一年华泰车险首次实现了承保盈利 221 万元，成为华泰历史承保盈利的转折点。所以，价值成长不是那么容易实现的，也经历过曲折。

1. 做大做强还是做好做久

做大做强还是做好做久，这也是企业常遇到的问题。做大做强是企业发展的美好愿景，有一段时间，所有企业都提出要做大做强。但做大做强是需要一定条件的，不是所有企业都能做到的。其实无论是企业发展还是自然界存续，一定是适者生存。恐龙虽大，但没有存在价值，所以还是要做好做久。企业脱离“市场环境”和“自身能力”两个关键因素，盲目地“做大做强”，就有可能进入“危险时速”，掉进“失败”的陷阱。世界历史上的保险公司破产的两个主要原因，一是多元化，二是投资失败。一个投资不慎，像 AIG 一个投资产品没做好，就破产了，最后由美国政府接管了。我们所提出的价值链投资、生态圈投资或许不属于这个范畴，也许是创新，但还是要把自己的“一亩三分地”经营好，将最基础的业务做好。

2.“两个转变”与“华泰现象”

华泰财险在行业里实现了两个转变：从简单规模扩张向质量效益型转变；从过度依赖投资收益向实现承保利润转变。但这两个转变在大多数保险公司里难以实现。

2010 年，华泰财险承保利润首次超过了投资收益，2006 年到 2010 年“十一五”五年期间，华泰业务取得了可喜的成绩，华泰财险以 1%的市场份额赚得整个行业 31%的利润，成为行业内稳健经营、健康发展的典范，被业界称为“华泰现象”。

“十二五”期间，华泰集团正式组建，启动了第二次战略转型。在原来“集约化管理、专业化经营、质量效益型发展”的基础上增加了“差异化竞争”的新内容，并根据这一选择提出要做“细分市场的领导者”。中国保险市场的产品严重同质化，我们力求在经营模式上走一条创新之路。华泰从美国学到了 EA（专属代理）商业模式，经过 9 年实践已经开始显现出它的一些价值。

“十一五”和“十二五”期间，华泰保险主营业务经营情况。2005—2015 年我们主营收入增长是不快的，但利润增长很快，这说明华泰走的是利润成长型道路。

三、第二次战略转型升级，迈入价值成长之路

华泰以往两次战略转型都坚持质量效益型方针不变，取得令股东非常满意的经营业绩。公司成立时 63 家股东，最大股东股权比例 3.75%，股东高度分散和均衡，这是公司治理的特点。现代企业治理中，股东不能直接管理公司，必须采取委托经营的方式，所有者、经营者一定会分开。而且这种分散并且均衡的状态使得公司只能拿效益说话，不能论关系。所以，由于这样分散并均衡的公司治理，华泰必然走企业质量效益型发展之路。股东要的就是效益，但这也有一定缺陷，会导致公司只注重短期效益，这是公司治理模式带来的一个必然结果。

华泰遵循的是质量效益型发展方针，其实注重的是利润而不是规模。我们越来越感受到，由于规模扩大得缓慢，边际效益受限，甚至有可能被市场边缘化。所以企业没有一定规模也是不行的。现在中国保险业老三家——人保、平安、太平洋占市场份额 50% 以上，由于它们具有规模效益，在高手续费、高赔付率情况下依然可以赢利。其他中小公司，越是小的公司亏损越严重，这是一个普遍现象。在同质化的市场当中，基于边际成本和边际效益的作用，规模是起着决定性作用。一个公司如果达不到一定的规模，许多创新和发展失去了基础，甚至被那些有规模的公司排挤。

所以，华泰对规模的问题开始越来越重视。

企业增长主要有四种模式。第一种是表现不佳者，企业成立以后既没有规模也没有效益，既无法做大也没有盈利和特色，这样的公司基本是属于市场失败者。第二种是简单增长型，只有规模增长，没有效益，所谓“赔钱赚吆喝”，这会造成社会资源巨大浪费。第三种是利润增长型，规模增长较为落后，华泰就是利润增长型。第四种是价值成长型，规模和利润都超过了行业平均水平，处于领先地位，发展又好又快。华泰第一次战略转型是从简单增长型转变为利润增长型。“十三五”期间，又开始从利润增长型向价值成长型转换。企业成长可以从规模增长平移到价值成长。华泰的第二次战略转型，从利润增长型到价值成长型，主要是通过更换跑道实现差异化竞争来实现的。

价值成长型属于企业理想，但也最难实现的一种增长模式。关于价值成长我们提出了“四要素”：

1. 客户。利润增长型最大的缺陷是缺少客户的积累，而未来的企业竞争是客户的竞争。华泰“十三五”规划提出价值成长，首先就是真正要以客户为中心。以客户为中心的一个要素是坚持以客户为导向，包括客户数量、客户黏度和客户深度。华泰这样综合性保险公司就要在一个客户身上发现多个产品，实现合成销售，达成多元和整体优势。我们的运营模式也有效地贴近了社区客户，努力接近客户、获取客户、维持客户。未来的企业竞争最重要的就是客户竞争。

2. 品质。所谓品质是关键指标优于行业，包括产险的综合成本率、寿险的新业务价值增长率、资产管理公司的投资收益率等。决定品质的是企业的管理。

3. 规模。关注增长率和市场份额，华泰目前最需要获得的是规模，否则就会被边缘化，在竞争中缺少边际优势。不管是总资产规模、管理资产规模、主营业务收入还是增长率和市场份额，有质量的规模越大，公司经营的边际成本就越低。

4. 利润。企业的最终目的是利润，这种利润体现为长期价值和总体效益，包括主营业务利润、净利润和净资产收益率（ROE）等指标。

华泰“十三五”的战略愿景是以客户为中心，成为一家出色的，提供优质专业风险保障和财富管理的金融保险集团。华泰保险的使命是，使人们的生活品质不被风险所改变。所谓愿景就是你想成为谁，所谓使命就是你为了谁。对企业自身来说，经常关心的是自己的愿景。但客户真正关心的根本不是你的愿景，而是你的使命。使命和愿景的区别，一是你想成为谁，二是你为了谁。我们为了我们的客户，为了使人们的生活品质不被风险所改变。我们生活在世界上总会遇到风险，保险就是保证不管人们遇到多大的天灾人祸，生活尊严和品质都不会被改变。

华泰“十三五”计划，主要包括以下战略举措：

1. EA 战略：“十三五”期间，华泰每年要新增 1000 家门店，至 2020 年，华泰 EA 门店数量将突破 6000 家，覆盖面大大增加，服务质量显著提升。

2. 互联网战略：移动互联网、大数据和人工智能正在深刻改变人们的生活方式，同时给保险业带来巨大挑战，必须积极应对和面对。尤其是大数据，在挑战保险的大数法则。汽车保险是产险公司 70%的保费来源，但自动驾驶出来以后被保险人是程序员还是驾驶员也难以界定。人工智能带来的变化更多，很多业务人工智能就办理了。这些都对我们提出了非常严峻的挑战，而且必须积极地应对。

华泰保险还是比较早涉足互联网保险的公司，2012 年就与淘宝合作，推出了至今互联网最大的保险产品——退货运费险。“双十一”那天我们一天达到了 500 多万张保单，非常吓人，如果没有互联网，这种情况根本无法实现。华泰 EA 战略是主战略，基本属于线下服务，但并不和线上对立。我们认为互联网目前来说还是拿来主义，还是为我们所用。所以，要采取线下、线上相结合的方式，实现地面网络移动化，同时拓宽线上销售渠道。可以提供全渠道服务的企业才是将来真正有竞争优势的企业。

回首往事，华泰奋斗了 20 年，到今天规模还算较大。我们按照“十三五”规划目标发展，不断地前进。我们赶上最好的时代也赶上了艰难的时代，特别是现在各行各业都受到互联网的挑战。中国现在处于充满机遇的时代。对一家公司来说，机遇要比挑战大，办法要比困难多，这才是一个有价值和成长性的公司，否则就是一个没有希望的公司，华泰显然是前者而不是后者。

2008 年金融危机来临时，华泰提出：不求大富大贵，但求从容面对。在目前的环境条件下，华泰提出机大于危，努力实现公司的价值成长。

点　评

胡继晔：保险扛鼎之作是 1921 年奈特的《风险不确定性与利润》，这本书是保险奠基之作，对保险、风险和利润都做了详尽的介绍。您的案例，恰恰是奈特这本书的实际的案例。所谓“纸上得来终觉浅”，还是需要实践，您的案例加深了我对这本书的理解。今天讲座的以下内容让我印象深刻：

首先是利润第一：华泰利润率在 200 多家保险公司里一直排名第一，这十分难得了。一个企业没有利润的话，这个企业想要未来长久地发展是很困难的。

其次是内生积累：内生积累和外部获得资金，对企业以后的发展是完全不一样的。

在今年经济“新常态”下，华泰利润增长翻倍，这很难得。这就像在企业发展的寒冬，大家可能都在抱团取暖，结果华泰却发现了一些新的机会，去打猎。这才是一个优秀企业家在整个企业发展中让人特别尊重的地方。此外，退货运费险，是真真正正互联网思维的保险。我们发现创新是一个企业永远不变的灵魂。

巫云仙：从企业成长角度来看的话，有几点我印象非常深刻：

首先，华泰保险公司已经具备了高瞻远瞩公司的基础。“高瞻远瞩公司”是美国管理专家吉姆·柯林斯提出来的。成为高瞻远瞩的公司要具备一些条件，华泰已经初步具备。作为企业的创建者到底是魅力型的还是实战型的，我认为您是二者兼有之。

其次，今天讲座的题目是探讨价值成长的公司道路，本来保险公司作为服务类的企业要谈价值很难。过去这段时间，金融业在不断膨胀，华泰保险公司真的没有为眼前利益放弃自己制定的长远目标，“风物长宜放眼量，不畏浮云遮望眼”。您为这个公司注入了基因，这个公司具有非常长远的愿景。

再者，企业的这种长期愿景需要一种价值观的支撑。价值观在很多公司里不是很明确的，但华泰已构筑了这个高端企业百年基业的基础价值观，这是企业基业长青的基因。

王玲：通过一些交流，对华泰保险印象最深刻的主要是两件事。第一件是早期引入了战略投资者美国 ACE 保险公司，这家保险公司给华泰带来的不仅是资金，更是先进的技术；第二个实践，华泰通过和淘宝合作，从其中获取了大量的数据，这也是同行认为华泰在创新方面做得非常好的一点。

此外，您今天提到了创新和企业家精神。我这次做一个概括：第一，关于企业家的职责是创利和创新，您讲到创利是创造社会的财富，创新才能推动社会的进步，我非常认同您的观点；第二，谈到关于对创新的误解，大家认为创新一定是和科技、发明创造相关的，但为美国上个世纪提供就业机会的反而是来自商业、社会的创业或创新，华泰在创新改革时也引入了 EA 模式，利用专属代理大量扩展自己的专属门店；第三，提到了企业家要有定力和活力，这个活力是存续的能力以及持续学习的能力，定力则是把很多事情持续做下去的能力。

刚才提到 ACE 集团参股，这里就有一个问题，引进投资者到底是引进财务投资者好还是战略投资者好？华泰也给出了非常漂亮的答案。谈到了集权和分权，华泰集团现在是采用集约化的管理，尤其是在核心部门、职能部门采用的是集约化、集权化管理。华泰的发展从最早的财险到寿险，然后有了自己的投资公司，现在变成了集团公司。在专业公司里，华泰就是完全的分权模式的成功范例。

洪崎：刚才对企业家精神的定义我是赞同的，另外我认为创业是企业家精神的本质，是作为企业家的必要条件，创新则是充分条件。一个企业需要做好以下几方面的事情：

第一是愿景；第二是使命，愿景和使命在执行过程中一以贯之是很难的，因为企业经营过程中有太多的诱惑和机会主义；第三是战略，华泰前进的每一步都踩在点子上。

常保国：20 年前大家都对保险不太了解，所谓“一人买保险全家都跳脚，一人卖保险全家不要脸”。保险业发展起来靠的是千千万万员工，那种精神是靠他们来支撑的。考虑现在的养老问题，除了进养老院，也可考虑买一份比较好的商业保险。

互动提问

问：华泰财险用 1%的市场份额可以达到 30 亿元的利润，这是怎么做到的？

王梓木：规模很小，利润高，这种情况具有特殊的历史背景。当时恰恰是中国产险公司亏损最严重的五年，有相当一批公司发展不好，导致行业整体利润非常少。所以，我们经营情况较好，利润比重就大一些，这里所说的是比例，并不是绝对额。

问：华泰财险、寿险业务都很成功，有没有发展健康险的计划？

王梓木：健康险是中国保险业最有发展前景的事业。前几年健康险发展情况不佳，健康险公司据我了解那时候还没有盈利。以后随着人们生活水平的提升，收入的提高，支付预期逐渐改变，在健康方面的保险需求会越来越大，而这方面提供有效供给的公司并不多。但这方面的业务需要监管部门的批准。

问：华泰怎么激励一线保险工作人员，使他们长期在企业工作？华泰发展过程中面临什么问题？

王梓木：一线员工基本是靠绩效来获得收入，基础工资会很少，主要是靠绩效来完成的。绩效规则一定要定得非常合理，员工才能够有充分的积极性。能做保险的营销员绝对是销售高手，就像有人说能把冰箱卖给因纽特人的才是真正的高手。西方发达国家个人持有保单的数量是非常之大的，而我们国家这方面非常低。人均收入达到8000—10000美元时，人们买保险可能性才较高，有一定的资本又希望不被风险改变的时候才会去买保险。所以，保险对人们的生活非常重要。

华泰最大的挑战来自互联网和人工智能。过去科技进步改变的是一个行业，现在改变的是所有行业。互联网、人工智能带来的变化首先是客户需求的变化，也就是供给侧方面，能不能提供适合客户的产品，这方面的要求越来越高。

武长海：华泰的高利润率是通过什么来保证的？通过和同行差异化保险品种设计还是通过保费投资？

王梓木：华泰收益在行业里是处于领先的，给股东分红的钱主要来自投资收益。但同时我们注重对保险业务的质量的把控。华泰为什么引入ACE战略合作伙伴？这些专业公司非常注重综合成本率的考察，对业务质量的要求非常的严格。甚至有的时候我们会挑选客户，一些亏损严重或是不诚信的客户，就从我们的名单中慢慢拒掉；同时在管理方面要不断地控制成本，开发新业务，综合成本率、费用率要时时计算，也要把费用降到比较合理的程度。我们希望价值成长能加快我们的速度，不断扩大规模，规模扩大以后边际成本就会下降。

问：规模扩大与企业分红，这两者之间该如何平衡？

王梓木：分红只占收益的一小部分，我们的分红率一般是5%或者6%，但净资产收益率在10%或者11%，分红剩余的资金留在企业就是发展和内生式积累，但这些资金依然属于股东，包含于净资产里，股份转让时也能得到体现。

问：当您和公司其他高管合作过程当中遇到意见相左的情况时，您是怎么处理一些问题的呢？

王梓木：合作并不等于没有意见，合作是态度，好的合作人必须听取不同的意见。就像美国桥水公司的创始人雷伊·达里奥，我们曾见过几次面，他就要求他的接班人可以培养能够跟自己说不的人。

问：如何改变社会公众对保险业的整体印象？

王梓木：金融行业各自有各自的特质，因为中国保险行业发展比较晚，有很多乱象，比如寿险公司不懂销售，财险公司理赔难，这都是行业的痼疾，存在多年又解决不好。保险公司经营的是风险，最重要的是诚信，可是出了问题也都出在诚信上。确实这个行业存在着多年的问题，但这种情况也在不断地改善，保险业目前的市场化程度也很高，而且这些年发展相当快。解决这些问题还需要时间，总的来说，我认为保险业的健康程度正在逐步地改善。

问：如何看待海外保险公司进入中国，对中国的造成的冲击？

王梓木：中国保险市场海外公司已经有了相当大的比例，时间也较长，但目前来看它们特别成功的案例很少，多半还是处于一种水土不服的状态。现在海外公司进入中国保险市场的动力已经远远不如中国刚刚加入

WTO的时代。甚至最近有些外国公司还要撤出中国市场，觉得在中国做业务较难，监管比较严格。现在中国的保险市场基本上是中国公司在主导，海外公司发挥优势的机会并不太多，而且这几年中国公司都成长起来了，很多行业发展很快，比如移动支付领域的发展。

问：财产保险一年一结算，无法匹配长期的资产，在现在新“国十条”（《国务院关于保险业改革发展的若干意见》）背景下，保险业投资范围越来越大，财产保险公司如何进行长期的资产配置？

王梓木：产险公司有未到期准备金，这些准备金会连续形成资金池，这些资金是可以进行长期投资的，但它的比例较小。华泰更多的还是投资固定收益类产品，长期投资产品还是比较审慎的。

刘纪鹏：一年一结算，无数的产险一年年循环会沉淀一些长期资金。

问：保险资金在国外成熟资本市场被称为“稳定器”，但在国内却变成了“不稳定器”，还出现保险资金是姓“保”还是姓“资”的问题，非常不理解，请您说明下这个问题。

王梓木：保险资金入股市应该无可厚非，甚至是天经地义的，保险公司资金应当成为资本市场的稳定器。首先险资投资的产品要相对分散，要规避风险，方便退出。保险公司只是管家，不能把自己当东家。

刘纪鹏：管家和东家的关系，险资和股市的关系，这是一道难题，至今都没有解决。中国资本市场要真正实现健康持续发展，保险资金和股市的关系必须解决。这不是保险公司的问题，而是由于监管政策界限模糊，监管层迟迟没有反应。

问：国外80%的保险业务是由保险经纪公司承担的，在中国保险经纪公司生存是很艰难的。中国保险经纪公司未来的发展空间在哪里？我们也是一家保险经纪公司，怎么和华泰保险公司进行合作？

王梓木：华泰商险业务主要来自保险经纪公司。经纪公司很专业，投保人就利用经纪公司这种业务能力选择保险公司。其实经纪公司这几年已经逐渐增多了。经纪公司其实是代表投保人利益的，所以也需要一些专业的、高水准的技术人员来帮助企业分析风险，转移风险，选择保险公司。经纪公司发展是有前景的，关键是看专业化水平是否合格。

问：您刚才提到“92派”有很多，新华保险已经上市了，泰康上市也有了预期，请问华泰这边的上市计划是怎样的？

王梓木：我们已经做了好几次上市计划，但是最后都没实现。上市对保险公司来说是有很大价值的，但上市在我国受到很多制约。特别是华泰股权在过去一两年内发生了大比例的变动。原来国有股占到70%以上，民营企业不到30%，但最近这两年变过来了，国有股不到30%，民营企业占到70%。大比例股权变动不符合证监会上市要求，所以上市就变成了一个“未来的任务”了。

问：演讲主题是关于价值，这个价值是代表利益相关者（Stakeholder）还是股东（Shareholder）？这是容易引起争议的问题，但我认为这里探讨的是百年企业，我们更多是从Stakeholder角度来讨论。

王梓木：保险公司必须满足相关人的利益。过去我们把利益关系认为是等边三角形，一边是客户利益，一边是股东利益，一边是员工利益。三边只有等距离延长时，中间的面积才是最大化的，所以公司价值是由这三部分相关人——客户价值、股东价值和员工价值——的利益组成的。在做公司激励机制和分配机制时，一定要照顾好三方面的利益，公司价值才可最大化。

问：华泰这个品牌和其他的平安、人寿以及人保品牌传播相比较是低调的，您说百年企业和百年品牌，如何实现？

王梓木：华泰的品牌是非常有限的，因为品牌需要一定的规模和覆盖率。当规模不达标时，刻意选择一个品牌，即使投入很多也不一定被客户认可。华泰目前与稳健、健康挂钩，这是我们当前所能够承载的品牌。其实我们想要建立的品牌远远不是这样，华泰希望在客户心目中建立一种品牌性的服务。品牌只能体现在服务上，尤其对客户来说，服务特征极为重要。现在华泰的服务品牌是由3600个门店店主在共同打造，他们每个人都有丰富多彩的经历，有对客户服务的创造力。这种创造力就是华泰品牌的一种形成。华泰创造EA价值，EA创造客户价值，让门店店主发挥他们的才能，为客户提供无微不至的关怀，建立起品牌效应。所谓品牌就是差异化，华泰提出“投注的是关爱，建立的是信赖，服务的是品牌”，对客户进行专注、细心、无微不至的服务。

问：保险公司险种涉及都大同小异，华泰有没有独到的一些设计？在开发新险种方面能不能有自己的自由？

王梓木：保险险种越来越多，险种目前还需要监管部门批准。但我相信，未来由于互联网、大数据这些工具的存在，保险的品种会更多，这方面会越来越丰富多彩。